Staat der Juden, Land der Rätsel: Einerseits eine hochmoderne Gesellschaft mit einer lebensfrohen, liberalen Kultur, geht Israel derzeit durch eine der schwersten Krisen seit seiner Gründung. Der Friedensprozeß ist auf unbestimmte Zeit vertagt, das Land ist isoliert, im Alltag leben Juden und Araber mit wechselseitiger Verachtung nebeneinander her, und der eskalierende Kampf zwischen religiösen und säkularen Juden bedroht die Grundfesten der Gesellschaft. Ausgehend von Beobachtungen und Szenen des Alltags, eröffnet uns Carlo Strenger Einsichten in die Mentalität des Landes, jenseits von Idealisierung und Dämonisierung. Der Autor zeigt Israel als zerrissene Gesellschaft, die auf grundlegende Identitätsfragen noch keine Antwort gefunden hat: Wie soll das Verhältnis von Staat und Religion, zwischen westlicher Weltoffenheit und nahöstlicher Tradition gestaltet werden? Wie können die Spannungen zwischen verschiedenen jüdischen Einwanderungsgruppen aus verschiedenen Kulturen gelöst werden? Seine Betrachtung eröffnet einen umfassenden Blick auf die Widersprüchlichkeit Israels – aber auch auf die Möglichkeit einer Wahrnehmung des Landes jenseits von Schuld, Gegenschuld und dem Kampf der Monotheismen.

Carlo Strenger, 1958 in der Schweiz geboren und aufgewachsen, ist Professor der Psychologie an der Universität Tel Aviv. Er hat zahlreiche Bücher veröffentlicht und schreibt für Israels führende Tageszeitung *Haaretz*.

Carlo Strenger Israel.

Einführung in ein schwieriges Land

Jüdischer Verlag im Suhrkamp Verlag

Umschlagfoto: Ultraorthodoxe Juden am 6. November 2006 in Jerusalem bei Protesten gegen die bevorstehende Jerusalem Gay Pride Parade, Fotograf: Ronen Zvulun (Jerusalem)
© REUTERS / Ronen Zvulun

5. Auflage 2015

Erste Auflage 2011
© Jüdischer Verlag im Suhrkamp Verlag Berlin 2011
Originalausgabe
Druck: Druckhaus Nomos, Sinzheim
Printed in Germany
ISBN 978-3-633-54255-0

INHALT

Einleitung

Zu Beginn des neuen Jahrzehnts geht Israel durch eine der schwersten Krisen seit der Staatsgründung. Der Friedensprozeß liegt auf Eis, das Land ist außenpolitisch isoliert. Der überwiegende Teil der Staatengemeinschaft ist zu der Überzeugung gelangt, daß Israel zum Friedenschluß mit den Palästinensern schlicht nicht willens oder nicht fähig ist. Bereits der israelische Ministerpräsident Ariel Scharon war für die internationale Öffentlichkeit ein willkommenes Haßobjekt, doch erst sein Nachfolger Benjamin »Bibi« Netanjahu hat in den letzten Jahren auf internationaler Ebene alles Porzellan zerschlagen, das es zu zerschlagen gab. Flankiert wird er dabei von Außenminister Avigdor Lieberman, der durch seinen glühenden Haß auf die Araber selbst bei guten Freunden Israels nur noch Kopfschütteln hervorruft und der außerhalb des Landes längst mit Slobodan Milošević verglichen wird. Selbst langjährige Bündnispartner wenden sich mit Grausen ab: Sechsundzwanzig führende EU-Politiker, darunter auch Richard von Weizsäcker und Helmut Schmidt, riefen Ende 2010 in einem offenen Brief dazu auf, Israel durch Sanktionen unter Druck zu setzen. Nicht zu reden von den jüngsten Boykottaufrufen aus Großbritannien gegen israelische Wissenschaftler, die allerdings eher vom altbekannten antisemitischen Ressentiment getrieben zu sein scheinen.

Nicht nur in islamischen Ländern, sondern auch in Europa weckt Israel hochintensive Gefühle. Viele Menschen, die dem Land gegenüber prinzipiell positiv eingestellt waren, sind in den letzten Jahren von der israelischen Siedlungspolitik und von Israels aggressiver Rhetorik zutiefst enttäuscht worden. Es vergeht kaum ein Tag, an dem dieses kleine

Land am Mittelmeer mit seinen kaum acht Millionen Einwohnern nicht in den Schlagzeilen der Weltpresse auftaucht. Jüdisch-liberale Intellektuelle wie Bernard-Henri Lévy und Alain Finkielkraut versuchen, zwischen dem Staat Israel und seiner Politik zu unterscheiden, sie geben ihrer Loyalität für Israel immer wieder Ausdruck, kritisieren aber seine Regierung. Andere sind pessimistischer. Der vor kurzem verstorbene britisch-amerikanisch-jüdische Historiker Tony Judt kam zu dem Schluß, daß das zionistische Experiment ein Fehler gewesen sei.

Aber nicht nur außerhalb Israels tun sich viele mit der Entwicklung schwer, die das Land durchläuft. Liberal orientierte Juden wie ich, die jahrzehntelang für ein weltoffeneres Israel gekämpft haben, sind seit Beginn der zweiten palästinensischen Intifada im Jahr 2000 politisch marginalisiert. Noch 1992, als Jitzchak Rabin zum Ministerpräsidenten gewählt wurde, waren knapp die Hälfte der 120 Knessetmitglieder liberal eingestellt. In den Wahlen von 2009 waren es nur noch sechzehn – eine wahrhaft katastrophale Entwicklung. Wenn man von diesen sechzehn noch die dreizehn der Arbeitspartei abzieht, die für zwei Jahre Teil von Netanjahus Regierungskoalition war, verbleiben nur noch die drei Mandate der sozialdemokratischen Partei Meretz, die für eine dezidiert gemäßigte Position in der Knesset steht.

Aufgrund der Schlagzeilen in der Presse halten viele Menschen Israel für einen düsteren Polizeistaat, wenn nicht für etwas Schlimmeres. Wenn Europäer erstmals Israel besuchen, sind sie meist überrascht. Sie treffen auf kommunikationsfreudige, weltoffene junge Menschen, eine Vielfalt kultureller Angebote, eine schwulenfreundliche Einstellung, ein lebendiges Nachtleben. Die Musikszene könnte kosmopolitischer kaum sein, man denke etwa an Idan Raichel, den so erfolgreichen und innovativen »Weltmusiker« mit seinen internationalen Kooperationen. Ebenso heben sich die Intellektuellen des Landes deutlich vom etablierten Bild des Landes ab. Schriftsteller wie Amos Oz, David Grossman und Etgar Keret werden in Dutzende Sprachen übersetzt und in hohen Auflagen gelesen. Sie vermitteln dem Leser ein ganz anderes Bild des Staates am Mittelmeer, moralisch und emotional differenziert, bedrückt von der Verrohung der israelischen Politik. Womöglich ist es, so könnte man fortfahren, nicht nur die Kunst- und Kulturelite des Landes, die dem negativen Bild Israels nicht entspricht. Die meisten Israelis sprechen sehr gut Englisch, viele haben die Welt bereist und kennen andere Kulturen. Auch in der israelischen Wirtschaft geht es liberal und fortschrittlich zu. Die das Land prägenden jungen Unternehmer im Hochtechnologiebereich (übrigens die neue Version des bisherigen Traums der jüdischen Mutter, vom Sohn als Anwalt oder Arzt[1]) sorgen nicht nur für gut ausgebuchte Flugzeuge zwischen Tel Aviv und Silicon Valley und dem großen Interesse an israelischen Startup-Unternehmen, sondern auch für viele neue kulturelle Impulse sowie intellektuellen und politischen Austausch.

Wie aber, so möchte man fragen, ist die Offenheit der Kultur und des intellektuellen Lebens und die damit verbundene Sehnsucht nach dem guten Leben mit der brutalen, machthungrigen Politik Israels und mit seiner apokalyptischen Rhetorik zu vereinbaren? Wie ist es möglich, daß ein Land, das in vielerlei Hinsicht den westlichen Staaten sehr stark ähnelt, in seinem politischen Verhalten so borniert und unbelehrbar ist?

Ich stelle diese Frage dem europäischen Leser nicht nur rhetorisch. Obgleich ich fast mein ganzes erwachsenes Leben in Israel verbracht habe, ist meine europäische Identität für mich zentral geblieben. Dem Europäer in mir fällt es oft schwer, Israel zu verstehen, doch muß man für dieses schmerzhafte Erstaunen nicht europäischer Herkunft sein. Die meisten meiner israelischen Freunde, ob in Israel, Casablanca oder New York geboren, teilen eine universalistisch-kosmopolitische Ethik, und auch sie stellen sich die Frage, warum Israel nicht der westliche Staat ist, der es zu sein behauptet und gemäß der Vision seiner Gründer von jeher hat sein wollen?[2] In gewisser Hinsicht, so könnte man einwenden, ist Theodor Herzls Idee, man könne im Nahen Osten ein wärmeres Wien entwickeln, grundsätzlich unrealistisch gewesen. Israel ist von Staaten umringt, die allesamt problematische Regimestrukturen aufweisen, auch wenn diese in den unerwarteten Revolutionen und Unruhen seit dem Frühjahr 2011 ins Wanken geraten sind. Noch lassen sich keine schlüssigen Prognosen abgeben, ob dies zur Demokratisierung des arabischen Raumes oder zu einer Islamisierung und damit grundlegenden Destabilisierung führen wird.

Auf den folgenden Seiten wird das europäische Unverständnis gegenüber Israel immer wieder zur Sprache kommen, ebenso das Staunen und manchmal die Verzweiflung des Autors, der seit vielen Jahren Teil des israelischen Friedenslagers ist und sich aufgrund der Entwicklung des letzten Jahrzehnts oft deprimiert fühlt. Dieses Unverständnis kommt nicht von ungefähr. Es repräsentiert vielmehr die jüngste Phase der langen und oftmals leidvollen Geschichte Europas und seiner Juden, die auf beiden Seiten nachwirkt, in der kollektiven israelischen Psyche wie in der europäischen. Das Verhältnis zwischen Europa und Israel kann nicht außerhalb des historischen Rahmens des jüdischen Schicksals in Europa verstanden werden, und das heißt nicht ohne die Betrachtung des Judenhasses, der eine Konstante der europäischen Geschichte des zweiten Jahrtausends unserer Zeitrechnung war. Angefangen bei den Pogromen zur Zeit der Kreuzzüge über die spanische Inquisition bis zu den Pogromen im 17. und 19. Jahrhundert zeugt die europäische Geschichte von der Schwierigkeit und oftmals der Unfähigkeit, mit dem anderen menschlich umzugehen. Zu dieser Geschichte gehört ebenso, daß sich der traditionelle Antijudaismus seit dem 19. Jahrhundert zum rassistischen Antisemitismus wandelte und unter der Führung der Deutschen mit der Ermordung der europäischen Juden im Nationalsozialismus seinen Höhepunkt fand. Diese komplexe und tragische Verflechtung der jüdischen und der europäischen Geschichte kann und soll nicht verschwiegen werden. Aber sie darf auch nicht zum politischen Druckmittel gemacht werden. Israel hat sich oft viel zu lautstark als Vertreter des jüdischen Schicksals nach der Shoah geäußert, und die Wahrnehmung der europäischen Öffentlichkeit, daß die israelischen Regierungen das europäische Schuldgefühl für ihre Sache instrumentalisierten, hatte ihre Berechtigung. Auf der anderen Seite gibt es jenen Teil der europäischen Öffentlichkeit, der Israel mit Blick auf die Palästinenser nur allzugern vorhält, es hätte im Gegensatz zu den einstigen Tätern die Lehren aus der Geschichte nicht gezogen. Man kann sich des Eindrucks nicht erwehren, daß Israels katastrophale Siedlungspolitik und politische Inkompetenz für viele Europäer fast eine Erleichterung darstellt, weil sie sich dadurch endlich nicht mehr mit Europas komplexer und oft schrecklicher (jüdischer) Geschichte auseinandersetzen müssen. Aus diesem Grund wird dieser Essay Israel auch im Kontext der jüdischen Geschichte in Europa zu verstehen versuchen. Auch mit einer psychologischen Perspektive hoffe ich die gesellschaftlich-politischen Prozesse erhellen zu können, auch weil ich denke, daß Israels Politik nicht nur von der Geschichte des Judenhasses her begriffen werden kann.

Um Israel zu verstehen, muß man seine spezifische historische und politische Lage vor dem Sechstagekrieg 1967
bedenken, als die Kategorie »Palästinenser« im israelischen
Diskurs nicht unabhängig von der generellen Kategorie der
»Araber« verwendet wurde. Es ist beeindruckend, heute
mit linksgerichteten Israelis zu sprechen, die damals noch
junge Soldaten waren. Auch Menschen, die später das israelische Friedenslager anführten – wie zum Beispiel Jitzchak
Rabin –, haben erzählt, daß sie damals kein moralisches
Problem mit der Eroberung und Besetzung der Westbank
hatten. Sie hatten das Gefühl, es gehe den Palästinensern
nach der Eroberung um einiges besser als unter jordanischer
Herrschaft, was wirtschaftlich sogar zutraf. Dazu kam, daß
Israels Existenz in den ersten Jahrzehnten real bedroht war.
Im Sechstagekrieg 1967 und im Jom-Kippur-Krieg 1973
wurde noch vor dem Hintergrund der drohenden Vernichtung Israels gekämpft, sollten die arabischen Staaten sie-
gen. Kriege zu gewinnen war eine Existenznotwendigkeit.[3]
Die meisten Israelis sahen in den Eroberungen des Sechs-
tagekrieges einen Befreiungsschlag, der dem kleinen Land
Sicherheit bringen würde. Rückwirkend stellen sich genau
diese Eroberungen als ein Verhängnis heraus. Nur die wenigsten in Israel, darunter jedoch David Ben-Gurion, verstanden damals, daß die Besatzung der Westbank und des
Gazastreifens zu einem ethischen und politischen Desaster
werden würde. Die völkerrechtliche Anerkennung Israels
war nach dem Sechstagekrieg noch prekärer als zuvor. Die
arabische Welt akzeptierte »das zionistische Gebilde« von
Anfang an nicht und drohte immer wieder, die Juden ins
Meer zu treiben. In der Ölkrise zu Beginn der siebziger Jahre wurden sich die arabischen Länder ihrer Macht bewußt.

Ohne Israels Existenz zu akzeptieren, griffen sie das Land auf internationaler Ebene an und isolierten es fast vollständig. Am 10. November 1975 stimmte die UNO-Generalversammlung mit 72 gegen 35 Stimmen für eine Resolution, die den Zionismus als Rassismus verurteilte. Zwar stimmten die meisten westlichen Länder gegen die Resolution, aber der Westen hatte nicht alle Mittel eingesetzt, um sie zu verhindern.[4]

1977 kam Menachem Begin, der Vorsitzende der rechten Likud-Partei, an die Macht. Die israelische Arbeitspartei, die das Land über dreißig Jahre hinweg regiert hatte, war gegenüber der Besatzung der palästinensischen Gebiete noch ambivalent gewesen, Pläne für den Rückzug wurden immer wieder diskutiert. Für Begin aber war es gar keine Frage: Dies war das Land der Urväter des jüdischen Volkes, auf ewig den Juden versprochen.[5] Er hatte nicht das geringste Verständnis oder irgendwelche Sympathie dafür, daß Europa und die Vereinigten Staaten die Sprache des Nationalismus allmählich durch die Sprache der Menschenrechte ersetzten, daß die Dritte Welt zu einem zentralen Faktor der Weltpolitik geworden war und der Antikolonialismus auf immer mehr Akzeptanz stieß.

Sein Verteidigungsminister, der spätere Ministerpräsident Ariel Scharon, kannte wie Begin nur ein Prinzip: Sicherheit für die Juden um jeden Preis. 1982 leitete Scharon als militärischer Oberbefehlshaber Israels den Libanon-Feldzug, der bis in die Vorstädte Beiruts geführt wurde. Scharons Plan umfaßte mehrere Ebenen. Er wollte Jassir Arafats PLO aus dem Libanon vertreiben, das haschemitische Königshaus in Jordanien stürzen, um dann den Palästinensern ihren Staat im Westjordanland sozusagen auf dem silbernen Tablett zu servieren. Scharon dachte wie Kissinger in Schachbegriffen, es ging ihm schlicht darum, die Brettposition für Israel richtig zu organisieren. Die Dissonanzen zwischen Israel und der westlichen Welt, der es zugehörig zu sein glaubte, wuchsen von nun an beständig. Und doch schien es, als wäre Israel durch die erste Intifada in den Jahren 1987 bis 1989 aus seinem messianischen Traum erwacht. Der palästinensische Widerstand wurde zu einer Massenbewegung. Zwar bestanden die Waffen nur aus Steinen und Schleudern; aber der Irrglaube, daß Israel die Besatzung zu einem niedrigen politischen und militärischen Preis fortsetzen konnte, war gebrochen. Der damalige Verteidigungsminister Jitzchak Rabin reagierte zuerst mit dem verärgerten Befehl an die Armee, den Palästinensern Arme und Beine zu brechen. Aber dann realisierte er, daß die Okkupation beendet werden müsse.

Als er 1992 erneut zum Ministerpräsidenten gewählt wurde, waren die geheimen Verhandlungen zwischen Israel und der PLO schon weit fortgeschritten, und Rabin erklärte den Oslo-Friedensprozeß zur offiziellen Politik. Am 13. September 1993 schien die Geschichte des Nahen Ostens auf immer verändert. Auf dem Rasen des Weißen Hauses standen Jitzchak Rabin, Schimon Peres und Jassir Arafat zusammen mit Bill Clinton, um das Oslo-Abkommen zu unterzeichnen. Wie Europa nach dem Krieg schien Israel aus der nationalistischen Illusion, in die es versunken gewesen war, zu erwachen.

Das aber war ein Fehlschluß, denn Israels Rechte ruhte nicht. In Demonstrationen, an denen der damals junge Führer der rechten Likud-Partei Benjamin Netanjahu teilnahm, wurden Plakate geschwenkt, auf denen Rabin in Naziuniform dargestellt war. Viele Israelis sahen in einem möglichen Rückzug aus der Westbank und dem Gazastreifen nicht einen Schritt zur politischen und moralischen Konsolidierung Israels, sondern Hochverrat.

Am 4. November 1995 fuhr ich auf meinem Motorrad zum Kikar Malchei Israel (Platz der Könige Israels), dem traditionellen Ort für Großkundgebungen des Friedenslagers, um dort mit Freunden an einer Demonstration für den Frieden teilzunehmen. Das Motorrad war das einzige Verkehrsmittel, um nahe an den Platz heranzukommen, da einige hunderttausend Demonstranten erwartet wurden und die Sicherheitsvorkehrungen enorm waren.

Kurz nach Rabins Rede und nachdem das Friedenslied verklungen war, verließ ich den Platz, um vor dem drohenden Verkehrschaos in den Norden der Stadt zu gelangen. Als ich zu Hause ankam, erfuhr ich, daß Rabin gerade von einem jungen, rechtsextremen nationalreligiösen Attentäter angeschossen worden war. Vierzig Minuten später wurde sein Tod bekanntgegeben. Eine Woche später waren wir wieder auf dem Platz, der bald in »Kikar Rabin« (Rabinplatz) umbenannt werden sollte. Vierhunderttausend Menschen waren wir, die schworen, daß Rabin nicht umsonst gestorben sein sollte.

Aber sein Erbe wurde fast von allen Seiten ausgeschlagen. Die Palästinenser trugen viel zum baldigen Ende des Oslo-Friedensprozesses bei,[6] im März 1996 etwa töteten zwei Terroristen der Hamas durch Selbstmordanschläge Dutzende Israelis. Das Resultat war, daß Schimon Peres, Rabins Nachfolger, der dem Friedensprozeß verpflichtet war, einige Monate später die Wahlen gegen den rechtsgerichteten Vorsitzenden des Likud Benjamin Netanjahu verlor und die alte Politik der Härte und der Vergeltung erneut Einzug hielt. 1999 schien sich der Gang der Geschichte noch einmal zum Guten zu wenden. Der frühere Generalstabschef Ehud Barak gewann haushoch die Wahlen gegen Benjamin Netanjahu, und zwar mit der Versprechung, die Armee nach achtzehn Jahren aus dem Südlibanon abzuziehen und mit Syrien und den Palästinensern Frieden zu schließen. Dann aber scheiterte ein Jahr später das Gipfeltreffen zwischen Clinton, Barak und Arafat in Camp David. Die Historiker werden wohl noch lange streiten, wer die Hauptschuld daran trug. Am Ende des Prozesses jedenfalls stand der Beginn der zweiten Intifada, die im Herbst 2000 begann und das bis dahin blutigste Kapitel im israelisch-palästinensischen Konflikt darstellte. In vielen Städten Israels wurden Menschen durch Selbstmordattentäter in Stücke gerissen, und Ariel Scharon, Symbolfigur des israelischen Militarismus, gewann mit dem Likud in den Wahlen des Jahres 2001 mit großer Mehrheit gegen Barak. Die blutige Auseinandersetzung der Intifada, die bis 2003 dauerte und Tausenden von Israelis und Palästinensern das Leben kostete, war, wie der heutige Präsident der palästinensischen Autonomiebehörde Mahmud Abbas im Jahr 2010 einräumte, einer der schwerwiegendsten Fehler der Palästinenser. Für viele Israelis waren diese Jahre des Terrors der Beweis, daß mit den Palästinensern kein Friedensschluß möglich sei. Selbst einst überzeugte Anhänger des Friedensprozesses wählten ab 2000 die ihnen eigentlich verhaßte Likud-Partei und befürworteten eine Politik der harten Hand.

Mitten in der zweiten Intifada wurden für März 2003 Parlamentswahlen angesetzt. Avraham Burg, damals eine zentrale Figur in der israelischen Politik, bat mich, im Strategieteam der Avoda, der Arbeitspartei, mitzuarbeiten. Vier Monate lang analysierte ich Daten, hörte israelischen Bürgern zu und nahm an Strategiesitzungen teil. Ich sah, wie stark die Angst war vor den ständigen Terrorattacken, was die israelischen Wähler dazu trieb, Ariel Scharon als Ministerpräsidenten zu bestätigen, da er ihnen ein Sicherheitsgefühl vermittelte, wenn auch ein illusorisches. Diese Wahlen waren denn auch der Anfang vom endgültigen Ende des israelischen Friedenslagers, das sich von dieser Niederlage bis heute nicht erholt hat. Die israelischen Wähler haben seinen Fürsprechern nie verziehen, daß sie versprochen hatten, ein großzügiges Friedensangebot könnte den Konflikt beenden. Selbst unter linken Israelis wird heute nur noch mit Sarkasmus vom Oslo-Friedensprozeß gesprochen.

Im Jahre 2005 beschloß Ariel Scharon, Israels Truppen aus dem Gazastreifen abzuziehen und die jüdischen Siedlungen zu räumen. Da er dafür in der Likud-Partei kein Mandat hatte, gründete er die neue Partei Kadima, die links vom Likud und rechts von der Arbeitspartei eine zionistische Mainstream-Position einnehmen sollte. Ihr schlossen sich bald führende Likud-Politiker wie Ehud Olmert und Zippi Livni sowie der frühere langjährige Vorsitzende der Arbeitspartei und heutige Staatspräsident Schimon Peres an. Der Rückzug erfolgte im August 2005, aber das Resultat war ein Desaster.

In den palästinensischen Wahlen des Jahres 2006 gewann die islamistische Hamas die Mehrheit im Parlament. In einer Serie von Umstürzen wurde die palästinensische Autonomiebehörde de facto in zwei Teile geteilt: Die Hamas beherrscht seitdem den Gazastreifen, die Fatah die Westbank. Vom Gazastreifen ausgehende Raketenangriffe auf den Süden Israels wurden eine fast tägliche Realität, von denen man in der europäischen Presse nur selten etwas las. Die meisten Israelis folgerten daraus erneut, daß es keinen Wert habe, mit den Palästinensern Frieden schließen zu wollen. Ein weiterer Rückzug aus der Westbank kommt seit dem Rückzug aus dem Gazastreifen für viele nicht mehr in Betracht, würde dies doch nur bedeuten, daß die Kassam- und Katjuscharaketen nunmehr nicht nur auf südliche Städte wie Aschdod oder Beer Scheva fallen, sondern auch auf den einzigen Großflughafen Ben-Gurion und auf Tel Aviv.

Israel reagierte bis zum Winter 2008 nicht systematisch auf die Raketenangriffe, begann dann aber die Militäroperation »Gegossenes Blei«, um die Attacken langfristig zu unterbinden. Nach tagelangen Luftangriffen folgte der Einsatz am Boden. Nach drei Wochen waren vierzigtausend Wohnungen zerstört und vermutlich über 1200 Palästinenser tot. Israel hatte nochmals verdeutlicht, wie überwältigend stark und effizient seine Armee ist. Gleichzeitig war das Land heftigster internationaler Kritik ausgesetzt. Eine UNO-Untersuchungskommission, geleitet vom jüdischen Richter Richard Goldstone, klagte Israel verschiedentlicher Kriegsverbrechen an.

Heute liegen Ariel Scharon und der Friedensprozeß im Koma. Das israelische Parlament steht weiter rechts denn je, Netanjahu ist wieder Premierminister, und Israel hat mit dem ultrarechten Avigdor Lieberman einen Außenminister, der von den meisten Diplomaten der Welt soweit wie möglich gemieden wird. Innerhalb des Landes werden die isolationistischen Tendenzen immer stärker, und in nationalreligiösen Kreisen wird ernsthaft diskutiert, ob Israel überhaupt eine Demokratie sein müsse. War nicht der historische Judenstaat eine Monarchie? Sollte Israel auf dem Weg in die messianische Zeit nicht wieder nach biblischem Recht leben? Die Anzahl der Israelis, die in diesen Begriffen denken, ist mittlerweile erschreckend groß geworden.

Ist Israel ein unmögliches Land?

Ein Buch, das Israel und seinen Platz in der Welt verstehen will, kann nicht an der Frage vorbeikommen, die in der westlichen Welt meist nur hinter vorgehaltener Hand gestellt wird. Die Frage »War Israel ein Fehler?« ist heute offiziell verpönt. Nichtjuden, die sie stellen, setzen sich dem Antisemitismusvorwurf aus, Juden, die sie stellen, werden als sich selbst hassende Nestbeschmutzer verunglimpft.[7] Dennoch liegt die Frage in der Luft, im Gespräch mit nichtjüdischen Europäern ist sie als Subtext oft spürbar, meist schon dann, wenn Israel wohlmeinend das Existenzrecht zugestanden wird (und dieses nicht als selbstverständlich akzeptiert wird). Wenn ich meine Gesprächspartner dann frage, ob sie das Gefühl hätten, diese Frage sei in Europa relevant, ist die Antwort meist positiv, obgleich die meisten davor zurückschrecken, den Gedanken wirklich weiterzuverfolgen. Daher werde ich diese oft unausgesprochene Frage ganz offen verhandeln. Wäre die Welt ein weniger komplizierter Ort, wenn der Staat der Juden nicht gegründet worden wäre? Dieser Staat schaffe ja nur Probleme, sagen sich viele Nichtjuden. Er mache zuviel Lärm. Er benimmt sich nicht so, wie sich ein westlicher Staat benehmen sollte. Auch viele Juden haben diese Fragen gestellt: Der Historiker Tony Judt kam zu dem Schluß, daß Israel ein Anachronismus sei. In einer Zeit, da die Welt den Nationalstaat langsam hinter sich lasse, sei Israel mehr denn je eine Ethnokratie. Ironisch weist er darauf hin, daß Israel, das den Juden endlich Sicherheit hätte bringen sollen, der einzige Ort auf Erden sei, an dem die Juden systematisch bedroht seien.[8] Der jüdisch-amerikanische Historiker und Psychoanalytiker Joel Kovel zieht weiter gehende Konsequenzen.[9] Das ganze zionistische Projekt habe von Anfang an auf rassistischen und kolonialistischen Ideen beruht. Die Idee eines jüdischen Staates sei im Zeitalter der Menschenrechte untragbar und müsse zum Verschwinden gebracht werden. Während Kovel noch räsoniert, ist man in Teilen der islamischen Welt schon einen Schritt weiter und verkündet ganz offen, Israel militärisch vernichten und die Juden ins Meer treiben zu wollen. Kaum eine Woche vergeht, ohne daß der iranische Präsident Mahmud Achmadinedschad, sein Protegé Hassan Nasrallah, von der Hisbollah, oder der Vorsitzende des Hamas-Politbüros Khaled Meschal flammende Reden halten, in denen sie den Gläubigen versprechen, das »zionistische Gebilde« von der Landkarte zu streichen.

Bei soviel Ablehnung sollte man darauf hinweisen, daß Israel ein vom internationalen Recht sanktionierter Staat ist, der genau soviel Existenzrecht besitzt wie jeder andere auch. Ich werde zu zeigen versuchen, daß die Gründungsgeschichte des Landes sich nicht sonderlich von der der meisten Nationalstaaten unterscheidet, deren Anfänge meist außerordentlich gewalttätig waren. Bleibt die Frage, was dazu geführt hat, daß der Staat der Juden ein solcher Ausnahmefall geworden ist, gibt es doch außer Israel keinen Staat auf der Erde, dessen Existenzrecht schon derart lange und vehement in Frage gestellt wird, mag ein solcher auch Menschenrechtsverletzungen begehen, denen gegenüber diejenigen Israels verblassen. Es ist verführerisch, aber nutzlos, diesen Ausnahmestatus Israels religionsphilosophisch oder ontologisch zu deuten, vor allem, wenn der Antisemitismus als eine unheimliche, fast metaphysische Gewalt aufgefaßt wird.[10] Deshalb muß rational geklärt werden, warum Israel auch heute noch im europäischen und im arabischen Raum derart heftige Reaktionen weckt. Im zweiten Teil werde ich daher eine Erklärung anbieten, die sowohl den Antisemitismus als auch Israels Sonderstatus über die gängige Vorurteilsforschung hinaus vermittels der Existentialpsychologie besser zu erklären versucht.[11] Diese zeigt, wie tief verankert das menschliche Bedürfnis nach absoluten Sinnsystemen ist. Der Nahe Osten ist zudem, Schicksal der Geschichte, der Brennpunkt der drei abrahamischen Religionen, und Israel scheint seit seiner Gründung zum Großlaboratorium für das menschliche Bedürfnis nach absolutem Sinn geworden zu sein. Der Pilgerstrom evangelikaler Christen aus aller Welt nach Jerusalem reißt nicht mehr ab, und jüdische Staatsbürger der Vereinigten Staaten träumen den alten Traum von Zion. Ebenso können alle Enttäuschungen, die die Moderne zu bieten hat, auf Israel abgewälzt werden. Die arabische Welt verarbeitet ihre früheren militärischen Niederlagen gegenüber Israel als auch die Schwierigkeit, sich gesellschaftlich zu modernisieren, und die traditionelle westliche Linke schließlich träumt noch einmal den alten antiimperialistischen Traum vom Kampf zwischen Gut und Böse. Im vorliegenden Buch plädiere ich für die mentale Abrüstung der Projektionen auf allen Seiten, ohne dabei das menschliche Bedürfnis nach Sinnsuche zu übersehen. Nur eine Politik jenseits des Erlösungsbedürfnisses, die mit der Unvollständigkeit der menschlichen Existenz Frieden geschlossen hat, wird auch Israel und dem Nahen Osten den Frieden bringen können.

TEIL I
Ein zerrissenes Land

Gruppenbild mit Radio

Kaum sieben Kilometer einer langen, urbanen Straße trennen das Zentrum von Tel Aviv und das Zentrum von Bnei Brak. Beide Städte sind Teil von Israels größter und zentraler Ansiedlung, dem sogenannten Dan-Block, dessen Herzstück Tel Aviv ist. Die Übergänge sind fließend; wer nicht weiß, daß er gerade von einer Stadt in die andere wechselt, könnte nicht sagen, wo die Grenze der Städte verläuft. Und doch kann man sich kaum einen größeren Kontrast vorstellen als den zwischen dem Zentrum von Tel Aviv und dem von Bnei Brak, etwa an einem Donnerstag abend. In Tel Aviv strömen die Menschen zu dieser Zeit aus den Büros, unterhalten sich auf den Plätzen, machen Besorgungen, gehen am Strand joggen oder lassen den Tag in einer Bar oder einem Restaurant ausklingen. In Bnei Brak hingegen sind die Straßen wie leer gefegt, von der pulsierenden Betriebsamkeit einer Großstadt ist hier nichts zu spüren. Die Menschen sind statt dessen zu Hause, kochen, beginnen mit den Vorbereitungen des tags darauf beginnenden Sabbats – und hören Radio. Während in Tel Aviv in vielen Wohnungen der Fernseher läuft, ist dies hier verpönt. Fernsehen gehört in der ultraorthodoxen Welt zu den säkularen Beschäftigungen, die als Bedrohung der eigenen Identität wahrgenommen werden. Doch auch ultraorthodoxe Familien haben ein Unterhaltungs- und Informationsbedürfnis, und so lauschen viele Familien donnerstags abends einem der vielen ultraorthodoxen Radiosender im Land.
Einige von ihnen sind sehr populär, der größte heißt »Radio Kol Chai« (Stimme des Lebens), der aus einem Gebäude im Gewerbegebiet zwischen Tel Aviv und Bnei Brak sendet. In den späten neunziger Jahren hatte diese Station donnerstags

abends zwischen zweiundzwanzig Uhr und Mitternacht eine
beliebte politische Talkshow namens »Das Parlament« im
Programm, die einige Zeit Elazar Sturm moderierte. Sturm,
mittlerweile 63 Jahre alt, war damals eine gute Wahl für das
Programm. Gebürtig in Bnei Brak, wurde er ultraorthodox
erzogen und kennt die Lebenswelt und Kultur der Religiösen aus eigener Anschauung. Als Achtzehnjähriger verließ
er die Ultraorthodoxie, absolvierte als Lehrer den Militärdienst und wurde im Lauf der Jahre zu einer wichtigen
Gestalt im israelischen Kulturleben. In unterschiedlichen
medialen Formaten versuchte er Brücken zu schlagen zwischen der säkularen und der religiösen Bevölkerung Israels.
Als er mir 1997 vorschlug, ich solle die israelische säkulare
Linke für gleich eine ganze Reihe von Sendungen in diesem
Programm vertreten, sagte ich gern zu. Auch ich war religiös
erzogen worden; ich spreche noch heute fließend Jiddisch
und kenne seit meiner Kindheit die kulturellen Codes der
ultraorthodoxen Gesellschaft, der ein Großteil meiner weiteren Familie angehört.
Ende der neunziger Jahre hatten die Spannungen zwischen
der Ultraorthodoxie und den Säkularen stark zugenommen.
Dies hatte auch mit der gesamtgesellschaftlichen Polarisie-
rung infolge des begonnenen und dann durch die Ermordung
Jitzchak Rabins 1995 unterbrochenen Friedensprozesses zu
tun. Ein großer Teil davon aber war auf durchaus wechsel-
seitige Ignoranz zurückzuführen. Der »Dan-Block« ist dafür
ein gutes Beispiel. Obgleich Tel Aviv und Bnei Brak aneinan-
dergrenzen, haben ihre Bevölkerungen miteinander wenig
Kontakt. Säkulare Israelis sehen die Ultraorthodoxen als ein
unverständliches anthropologisches Phänomen. Männer,
die auch im heißen israelischen Sommer mit schwarzen An-
zügen und Hüten gekleidet sind; Frauen, die lange Kleider
tragen, die ihre Arme bis über die Handgelenke bedecken,

deren Haare nie zu sehen sind und die mit Anfang Zwanzig oft schon fünf Kinder haben. Viele Säkulare glauben tatsächlich, daß die Ultraorthodoxen beim Geschlechtsverkehr ein gelöchertes Leinentuch zwischen Mann und Frau legen. Sicherlich ist dieses Vorurteil auch damit zu erklären, daß das orthodoxe Judentum über so viele Gebote und Verbote verfügt, die für Außenstehende unverständlich sind, so daß sich Mythen sehr leicht halten. Viele Ultraorthodoxe wiederum leben in einer geradezu phobischen Ablehnung der säkularen Kultur, die sie als sexualisiert, sündhaft, materialistisch und amoralisch empfinden. Wenn ultraorthodoxe Männer in ein säkulares Stadtviertel geraten, versuchen sie oft, mit ihren Hüten die Augen vor dem Anblick junger, leichtbekleideter Frauen zu schützen, Gleiches versuchen sie bei Reklameschildern, die Nackte oder Leichtbekleidete zeigen. Gemeinhin wissen sie von der westlichen Kultur fast gar nichts. Das Ziel der Religiösen, im Einklang mit den göttlichen Gesetzen zu leben, ist den Säkularen, insbesondere den Linken unter ihnen, ein Dorn im Auge, treten sie doch in guter aufklärerischer Tradition für die Trennung von Staat und Religion ein und reagieren allergisch auf alle Versuche, das öffentliche Leben noch stärker den Gesetzen des jüdischen Glaubens zu unterwerfen, als dies in Israel bereits der Fall ist; man denke an das Aussetzen der öffentlichen Verkehrsmittel am Sabbat oder den Umstand, daß Juden in Israel nur durch orthodoxe Rabbiner getraut werden können, was im übrigen viele säkulare Israelis veranlaßt, aus Prinzip im Ausland zu heiraten.

Vor diesem Hintergrund war ich überzeugt davon, etwas zu einem Brückenschlag zwischen diesen einander so fernen Teilen der israelischen Gesellschaft beitragen zu können, als ich an einem Donnerstag abend das erstemal das Studio von Radio Kol Chai betrat. Doch meine euphorische Stimmung verflog rasch, Mißtrauen schlug mir entgegen, bevor ich auch nur einen Satz gesagt hatte. Schon mein erstes Auftreten schien die Radio-Mitarbeiter zu verstören: Mein glattrasierter Kopf ist in Israel ein Symbol für den liberalen Säkularismus. Außerdem war ich mit einem Sportmotorrad gekommen und war mit Jeans, Stiefeln und Lederjacke bekleidet. Für sie schaute ich aus, als sei ich von einem anderen Planeten gekommen, auch wenn ich in Wirklichkeit nur wenige Kilometer gefahren war.

Mit den Produzenten der Sendung verstand ich mich nach anfänglichem Mißtrauen gut, das Gefühl der Fremdheit verschwand innerhalb weniger Wochen. Viele verstanden bald, daß ich zwar in vieler Hinsicht kritisch gegenüber der Ultraorthodoxie eingestellt war, sie und ihre Welt aber gut verstand und in keinem Fall verachtete. Wie so oft war der menschliche Kontakt das beste Mittel, um die eigenen Vorurteile zu überwinden. Doch jedesmal, wenn ein Vertreter der Ultraorthodoxie erstmals im Studio auf mich traf, mußte das Mißtrauen von neuem überwunden werden. Irgendwann begriff ich, daß viele Ultraorthodoxe davon ausgehen, säkulare Israelis seien aus Prinzip ignorant gegenüber der jüdischen Religion. Nach und nach verstand ich, daß die meisten von mir Antipathie und Unverständnis regelrecht erwarteten. Ich versuchte daraufhin, diesem Reflex mit allen Mitteln entgegenzuwirken. Recht effektiv war dabei, mit einem authentischen Akzent jiddisch zu sprechen. Wenn ich dann auch noch Kenntnis der jüdischen Gesetze zeigte, führte dies immer wieder zu großem Staunen. Interessant war etwa die Reaktion eines ultraorthodoxen Gastes, der mich zum erstenmal traf. Mitten in der Sendung, nachdem ich humorvoll einen jiddischen Insiderwitz gemacht hatte, rief er aus: »Aber du hast doch wirklich eine jüdische Seele! Wie kann es denn sein, daß du ein so unjüdisches Leben führst?« – Seine Verwunderung war echt. Er nahm an, ein säkularer Jude könne nur aus Unwissenheit nichtreligiös leben. Als ich ihm lächelnd erklärte, ich sei religiös aufgewachsen, war er kurz verstimmt, beendete aber die Diskussion in der Hoffnung, Gott werde mich wieder auf den rechten Weg zurückbringen.

Eines Abends war der damals gerade gewählte Parlamentarier Meir Porusch zu Gast. Er war ein gutes Beispiel für einen weltzugewandten, gewieften, freundlichen Ultraorthodoxen, der es verstand, mit Andersdenkenden humorvoll zu kommunizieren und die Interessen der Ultraorthodoxie auf eine der Außenwelt verständliche Art zu vertreten, und es war ein Vergnügen, mit Porusch zu diskutieren. Mir schien es zuweilen, als sei eine Annäherung zwischen der Linken und der Ultraorthodoxie allen Verwerfungen zum Trotz möglich. Und doch sollte zehn Jahre später an seiner Person etwas zum Vorschein kommen, wovon die Ultraorthodoxen für gewöhnlich schweigen. Im Jahre 2008 bewarb sich Porusch um das Amt des Bürgermeisters in Jerusalem. Seine Wahlkampagne war raffiniert. Als großer, stämmiger Mann mit einem riesigen Bart entsprach er auf fast schon übertriebene Weise dem Stereotyp des Ultraorthodoxen, und sein Team inszenierte dieses Stereotyp, indem es mehr oder weniger witzige Karikaturen seiner Person verwendete. Die Herausforderung des Wahlkampfes bestand für ihn darin, die nichtorthodoxen Bürger Jerusalems davon zu überzeugen, daß er ihre Interessen genauso wie die der Ultraorthodoxie vertreten würde. Kurz vor den Wahlen schien es, als ob das Konzept aufgehen würde. Porusch führte in den Meinungsumfragen, doch dann machte er einen entscheidenden Fehler. Nach einer Pressekonferenz, als er bereits mit seinen Mitarbeitern alleine zu sein glaubte, sagte er ihnen auf jiddisch: »Ihr werdet sehen: in zwanzig Jahren wird es nicht eine große Stadt in Israel geben, deren Bürgermeister nicht ultraorthodox ist!« Einige Reporter jedoch hatten die Worte gehört und machten sie umgehend publik. Es kam zum Eklat. Porusch hatte an die Angst vieler säkularer Israelis gerührt, die Ultraorthodoxen wollten das weniger gebärfreudige säkulare Israel langfristig mittels der hohen Geburtenraten ultraorthodoxer Familien durch eine Art demographische Machtübernahme und nicht durch die Kraft des besseren Arguments besiegen. Vielen galt der Politiker von da an nicht länger als ein zwar schrulliger, doch gleichwohl akzeptabler Religiöser, sondern als persona non grata, als ein Wolf im Schafspelz, der mit seinem Humor und seiner Jovialität von den wirklichen Bestrebungen der Ultraorthodoxie ablenken wollte. Das Ende der Geschichte war, daß Porusch die Jerusalemer Bürgermeisterwahlen an den High-Tech-Unternehmer Nir Barkat verlor. Dieser war zwar säkular, stellte sich aber wenig später als äußerst rechtsgerichtet heraus. Nach seiner Wahl sorgte er mit Bauprojekten und der Zerstörung palästinensischer Häuser mehrere Male für weltweit beachtete Skandale. Ironie des Schicksals, denn Porusch ist tatsächlich ein Schaf im Wolfspelz, im Grunde seines Herzens liberal und dem Friedensprozeß gegenüber viel aufgeschlossener als der kriegerische Barkat, dessen Weltoffenheit nur eine Wahlkampftaktik war.

Um zur Talkshow zurückzukommen: Die Diskussionen verliefen nicht jedesmal so freundlich – und auch ich war es nicht immer. Viele Abende verliefen ähnlich: Die ultraorthodoxen Teilnehmer begannen zunächst mit ihrer bereits eingeübten Wehklage, die säkularen Israelis würden die jüdische Religion zuwenig kennen und brächten deren Schönheit zuwenig Verständnis entgegen. Gleichzeitig verdammten die meisten von ihnen die säkulare Kultur als oberflächlich etc. Diese Ignoranz und Selbstgerechtigkeit gegenüber der säkularen Kultur brachten mich in regelmäßigen Abständen in Rage, woraufhin ich wiederholt die jüdische Ultraorthodoxie mit fundamentalistischen Tendenzen in anderen Religionen verglich. Der in solchen Momenten lautstark einsetzenden Entrüstung meiner Gesprächspartner entgegnete ich, Fundamentalismus sei kein Fluch, sondern ein religionssoziologischer Begriff. Es sei da wenig zu machen, die jüdische Ultraorthodoxie entspräche ebendiesem Begriff genauso wie die iranischen Ajatollahs. An eine sachliche Diskussion war dann meist für den Rest der Radiosendung nicht mehr zu denken. An anderen Abenden ging ich selber zu wütenden Gegenangriffen über und wendete das Lieblingsargument der Ultraorthodoxen gegen sie selbst: Wenn wieder die Stereotypen der oberflächlichen liberalen Kultur zur Sprache kamen, fuhr ich sie an, ob sie mir auch nur einen der großen Moralphilosophen, Komponisten, Schriftsteller oder Wissenschaftler der westlichen Kultur nennen könnten. Das konnten sie natürlich nicht, denn ihre ganze Erziehung war darauf gebaut, keinen Kontakt zur säkularen Kultur zu haben. Das eisige Schweigen, das dann herrschte, wurde an solchen Abenden allein durch die geschickte Moderation Elasar Sturms beendet, der dafür sorgte, daß die Diskussion in etwas respektablere Bahnen zurückfand und auch ansonsten im zivilisierten Rahmen blieb. Tatsächlich war die Atmosphäre regelmäßig von offener Aggressivität geprägt, aber die Möglichkeit, die Auseinandersetzung weiterzuführen, hatte zugleich etwas Therapeutisches.

In den zwei Jahren von Mitte 1997 bis 1999, in denen ich an der Sendung teilnahm, gab es neben dem Konflikt zwischen dem religiösen und dem säkularen Israel noch ein zweites Hauptthema der Talkshow, und dies war ein ebenso heikler Streitpunkt innerhalb der israelischen Gesellschaft, nämlich die damals wachsende Spannung zwischen den Aschkenasim, den Juden europäischer Herkunft, und den Sephardim, den Juden nordafrikanischer, irakischer, iranischer oder jemenitischer Herkunft. Die Sephardim waren aus Sicht der europäischen Einwanderer erst verhältnismäßig »spät« eingewandert, nämlich überwiegend in den fünfziger Jahren. Viele von ihnen kamen nicht aus freien Stücken, sondern weil sie nach dem Unabhängigkeitskrieg die in den islamisch geprägten Staaten wachsende Ablehnung des jüdischen Staates am eigenen Leib zu spüren bekamen. Ein Teil der marokkanischen und algerischen Juden zog nach Frankreich, doch ein anderer Teil emigrierte nach Israel. Dies war dem dringend auf Bevölkerungszuwachs angewiesenen jungen jüdischen Staat mehr als recht, und verschiedene Organisationen förderten den Zuzug intensiv. Innerhalb weniger Jahre gelangten etwa 650 000 sephardische Juden aus Nordafrika und anderen Ländern nach Israel.

Ihre Integration war jedoch kein einfacher Prozeß. Die Einwanderung von Juden aus der Diaspora ist zwar immer schon ein Teil der israelischen Staatsdoktrin gewesen. Doch sollten sich die Zuwanderer dem herrschenden Leitbild des Staates unterordnen, und dies war Anfang der fünfziger Jahre und lange Zeit darüber hinaus ein vor allem europäisch, aschkenasisch geprägtes. Das hatte mit der Zeit vor der Staatsgründung zu tun: Die ersten jüdischen Einwanderer in den verschiedenen Wellen der Alijah Israels kamen fast ausschließlich aus Europa, wo sich der Zionismus entwickelt hatte. Trotz mitunter heftiger innerer Konflikte war der Großteil dieser Einwanderer dennoch ähnlichen kulturellen und politischen Vorstellungen verpflichtet. Ben-Gurions Arbeitspartei (Mapai, nach 1968 Teil des Parteizusammenschlusses Avoda), die Israel bis 1977 regierte, betrachtete Israel als einen Schmelztiegel, der die Immigranten aus verschiedenen Ländern und Kulturen im Heiligen Land zu einer neuen israelischen Identität zusammenschweißen sollte – allerdings nach den Vorstellungen der kulturell und politisch tonangebenden Aschkenasim mit ihrer europäischen Idee des Zionismus. Die nordafrikanischen, irakischen, iranischen und jemenitischen Juden entsprachen diesem letztlich sehr männlichen, um Arbeit und Militär zentrierten Ethos der starken, zupackenden »neuen Hebräer« nicht allzu sehr. Die Kultur der Sephardim war traditionell vor allem religiös geprägt; mit dem politischen Projekt eines säkularen, modernen, gar sozialistischen Zionismus konnten sie wenig anfangen. Viele von ihnen kamen aus ländlichen Gegenden und hatten bis zu ihrer Einwanderung entweder gar keinen oder nur wenig Kontakt gehabt mit dem Leben eines westlich geprägten Staates, und die wenigsten von ihnen waren vorbereitet auf das westliche Wirtschaftsleben samt den damit zusammenhängenden kulturellen, sozialen und politischen Gepflogenheiten.

Rassistische Vorurteile der hellhäutigen Aschkenasim gegenüber den meist dunkelhäutigeren und schwarzhaarigen Sephardim führten dazu, daß die Aufnahme im Judenstaat in vielen Fällen erniedrigend verlief. Kränkend für das kollektive sephardische Bewußtsein war etwa die Tatsache, daß die Ankömmlinge oft mit dem Entlausungsmittel DDT besprüht wurden, da das aschkenasische Establishment annahm, daß ihre Hygiene zu wünschen übrigließ. Auch viele Jahre nach der Einwanderung wollte der israelische Mainstream den Sephardim nicht gleiche Chancen einräumen, die Eliten des Staates bestanden lange Zeit nur aus Aschkenasim. Die ersten politischen Organisierungsversuche der Sephardim scheiterten. Zwei kleine Parteien wurden zwar in den siebziger Jahren in die Knesset gewählt, aber es gelang ihnen nicht, sich dauerhaft als Vertreter sephardischer Interessen zu etablieren. Ähnlich sah es im Militär, in der

Wirtschaft und an den Universitäten aus. Auch im Kulturleben war es nicht besser. Hier wurden die Sephardim ebensowenig ernst genommen und statt dessen auf das Klischee
des lebensuntauglichen, dümmlichen Immigranten festge-
schrieben. Diese teilweise zutiefst rassistische Verachtung
der Sephardim begann sich erst langsam seit den achtziger
Jahren zu wandeln, als die großen israelischen Radiosender
begannen, sephardische Musik zu spielen.

Doch eine wirkliche Veränderung begann in diesem Fall
nicht wie so oft im alltäglichen kulturellen Bereich und
erfaßte dann die Politik. In diesem Fall war es umgekehrt.
1984 wurde die sephardische Schas-Partei als eine Abspaltung der ultraorthodoxen Partei Agudat Israel gegründet.
Bald gelang es der Schas, insbesondere ärmere sephardische
Schichten zu mobilisieren. Von früheren sephardischen Parteien unterschied sich die Schas-Partei dabei durch ihren
ultrareligiösen Charakter. Ihr geistiges Oberhaupt ist bis
heute Rabbi Ovadia Joseph, ein früherer Oberrabbiner Israels, der gleichwohl in all den Jahren nie ein offizielles Amt
in der Partei bekleidet hat. Die politische und spirituelle
Autorität des 1920 im Irak geborenen Joseph ist bis heute bei den gläubigen Sephardim unumstritten. Auch seine
von vielen Israelis als anstößig empfundenen Äußerungen
zur Erklärung der Shoah, die er auf ein Abfallen der europäischen Juden vom orthodoxen Glauben zurückführte,
haben daran nichts geändert. In den neunziger Jahren gewann
die Schas erstmals mehr als zehn Mandate in der Knesset,
und seither ist es kaum möglich, eine Regierungskoalition
ohne die Schas zu bilden. Dieser politische Erfolg verdankt
sich neben dem Rabbiner Joseph auch Arie Deri, einem der
begabtesten Politiker, die das Land je hervorgebracht hat.
1988 wurde Deri im Alter von neunundzwanzig Jahren
Innenminister. Er galt als hervorragender Minister, hatte je-

doch bereits 1990 erheblich mit Korruptionsvorwürfen zu kämpfen, die zu jahrelangen polizeilichen Ermittlungen gegen den Politiker führten. Gleichwohl gelang es der Schas, aus den Anschuldigungen politisches Kapital zu schlagen und Deri zur Symbolfigur des sephardischen Kampfes um politische und gesellschaftliche Anerkennung zu stilisieren. Ende der neunziger Jahre erreichte die Affäre um Deri ihren Höhepunkt. Da war er Vorsitzender der Schas-Partei und erneut Innenminister Israels. Bis zu diesem Zeitpunkt hatte ihm nichts Belastendes nachgewiesen werden können, nun jedoch stand er im Verdacht, Zeugen beeinflußt zu haben, und die Staatsanwaltschaft erhob nach mehr als sieben Jahren Ermittlungstätigkeit erstmals Anklage gegen ihn. Wenig später kam dann eine Anklage wegen Bestechlichkeit in seiner Amtszeit als Minister hinzu. Schas organisierte große Demonstrationen und erklärte ihn zum Helden im Kampf gegen das vermeintlich antisephardische Rechtssystem. Im Jahr 2000 endete die juristische Auseinandersetzung vorläufig mit Deris Verurteilung zu drei Jahren Haft, unter anderem wegen Bestechlichkeit. Der Abgeordnete der Schas-Partei Elijahu Suissa interpretierte das Urteil als ein »weiteres Drehen des Messers, das seit 52 Jahren im sephardischen Körper steckt«.

In der Dämonisierung des israelischen Rechtssystems harmonierten die Vertreter und Anhänger der Schas-Partei ausnahmsweise vorzüglich mit den ultraorthodoxen Parteien der Aschkenasim, die vor allem im liberalen und säkularen Obersten Gerichtshof einen Feind des religiösen Lebens im Lande sahen. Der Gerichtshof hatte schon seit Jahrzehnten eine wichtige Funktion bei der Stabilisierung der israelischen Demokratie und wurde deshalb immer wieder von den religiösen Parteien attackiert.

Ich kann mich gut an eine Sendung bei Radio Kol Chai erinnern, an der zwei Schas-Politiker teilnahmen. Der eine, Jitz-chak Cohen, war Religionsminister, der andere, David Tal, war Vorsitzender eines mächtigen Komitees in der Knesset. Wie so oft in dieser Zeit ging es um die Untersuchung im Fall Arie Deri. Cohen und Tal behaupteten, daß das israe-lische Rechtswesen von aschkenasischen Liberalen domi-niert sei und diese die Sephardim und die Ultraorthodoxie diskriminierten. Als ich gegen dieses Stereotyp protestierte, begannen beide, mich anzuschreien. Jeder Satz begann mit den Worten »Ihr, die Eliten ...«. Nach einer Weile sagte ich ihnen, daß es doch etwas eigenartig sei, daß sie mich als Elite qualifizierten. Sie hätten starke Machtpositionen inne, kontrollierten Milliarden Schekel des Staatsbudgets, woge-gen ich als Psychoanalytiker und Akademiker vergleichs-weise machtlos sei. Daraufhin äußerten sie den Vorwurf, ich hätte mein Prestige und meine Position nur durch meine aschkenasischen Freunde in Rechavia (einem Viertel in Jeru-salem, in dem früher europäische Juden wohnten) erreicht. Als ich ihnen entgegnete, ich hätte meine gesellschaftliche Position als Neueinwanderer ausschließlich durch harte Arbeit errungen, gaben sie sich zwar zufrieden, der Hinter-grund aber war klar: Als liberaler Aschkenasi wurde ich von ihnen fast automatisch als der Elite zugehörig betrachtet. Sie sahen mich aufgrund meiner Herkunft und meiner poli-tischen Zuordnung in der israelischen Gesellschaft als ihnen überlegen an oder zumindest in einer vorteilhafteren Posi-tion. Die Tatsache, daß sie mir aufgrund ihrer politischen Machtstellung faktisch weit überlegen waren, änderte ihre Identitätserfahrung nicht wirklich: Sie nahmen sich als dis-kriminiert wahr.[12]

Die Spannungen mit Vertretern der Schas in der Talkshow waren jedoch ganz anderer Natur als die mit den natio-nalreligiösen Politikern. Die weniger extremen Nationalreligiösen sind von ihrem Erscheinungsbild her unauffällig, sie wirken keineswegs weltabgewandt, sind weder schwarz gekleidet noch bärtig, erkennbar sind sie meist nur an ihrer farbigen Kippa. Die Welt der Ultraorthodoxen wirkt mitunter skurril in ihrer Traditionsverbundenheit und Weltabgewandtheit. Das Leben der Nationalreligiösen hingegen wirkt auf den ersten Blick viel lebenstauglicher und pragmatischer. Für einen liberalen Linken wie mich war die religiöse Rechte jedoch für fast alles verantwortlich, was in Israel in der Vergangenheit schiefgegangen war. Der Konflikt mit ihnen in der Radiosendung war daher härter und komplizierter als mit den Ultraorthodoxen. Die nationalreligiöse Ideologie stand für die Gründung und Erweiterung der Siedlungen in der Westbank und damit für eines der Kernprobleme des Zusammenlebens mit den Palästinensern. Sie waren es zudem, die die in den neunziger Jahren begonnene Annäherung zwischen Israelis und Palästinensern erfolgreich hintertrieben hatten. Der Oslo-Friedensprozeß war zum Zeitpunkt der Radiosendung noch im Gange, und die säkularen Israelis, nicht nur die der politischen Linken, setzen immer noch die größten Hoffnungen auf einen Ausgleich mit den Palästinensern. Die Nationalreligiösen hingegen deuteten die Eroberung der Westbank religiös als Beginn der messianischen Zeit. Folgerichtig brandmarken sie daher die Verträge von Oslo als Verrat und Jitzchak Rabin als Verräter. Das zumindest ist der Hintergrund ihres Hasses und der Delegitimierung Rabins, die 1995 zu seiner Ermordung führte.

In Europa hat sich die Auffassung durchgesetzt, daß Nationalreligiöse primitive Menschen sein müssen. Sie erscheinen als ideologisch verblendete Personen, die kruden jüdischen Erlösungsphantasien huldigen, von einem araberfreien Großisrael träumen und ansonsten ihre Zeit damit verbringen, mit einem Geländewagen und einer durchgeladenen Uzi durch das Westjordanland zu rasen. Sicher, solche Leute gibt es, Philip Roth hat sie treffend in seinem Roman *Gegenleben* beschrieben. Es sind Menschen wie der Siedler Baruch Goldstein, der 1994 in einer Moschee in Hebron 29 Moslems erschoß und viele weitere verletzte. Dennoch hat das Stereotyp mit der Realität meist nicht allzuviel zu tun. Im Gegensatz zu den Ultraorthodoxen sind viele Nationalreligiöse akademisch gebildet, ein prominentes Beispiel ist etwa der in Deutschland geborene Robert Aumann, seines Zeichens Professor für Mathematik an der Hebräischen Universität Jerusalem, der im Jahre 2005 für seinen Beitrag zur mathematischen Spieltheorie den Wirtschaftsnobelpreis erhielt. Zwei nationalreligiöse Parlamentarier, die einige Male an der Talkshow teilnahmen, waren Sevulun Orlev und der vor einigen Jahren verstorbene Schaul Yahalom, beide äußerst kultivierte Menschen. Yahalom war ein Liebhaber klassischer Musik, Orlev ist äußerst belesen und hat sehr angenehme Umgangsformen. Ihre Welt kannte ich noch besser, da sie dem Elternhaus, in dem ich aufgewachsen bin, recht ähnlich ist. Mein Vater war orthodoxer Jude, Doktor der Jurisprudenz, Anwalt und Liebhaber moderner Kunst, und er und meine Mutter nahmen mich von früher Kindheit an mit in Museen und Konzerte. Mein Vater war zudem überzeugter Sozialdemokrat, und er erzog mich dazu, die Rechte von Minderheiten zu respektieren und zu verteidigen. Er sympathisierte mit der nationalreligiösen Mafdal-Partei, der er es zutraute, das Ideal jüdischen Lebens in Israel zu verwirklichen. Diese Partei hatte sich aber seit den frühen siebziger Jahren vollkommen verändert, aus einer vormaligen Partei der politischen Mitte mit einer vergleichsweise moderaten und konsensorientierten Politik war eine messianisch-mystische Bewegung geworden. Menschen wie Orlev und

Yahalom trieben mich daher regelrecht zur Verzweiflung. Die Mischung aus humanistischer Bildung und messianischem Fanatismus ging für mich einfach nicht zusammen. Immer wieder stellte ich ihnen eine ganz einfache Frage: »Wenn ihr die besetzten Gebiete annektieren wollt, gibt es doch genau zwei Möglichkeiten. Die eine ist, daß ihr den Palästinensern Stimmrecht gebt, dann jedoch geht der jüdische Charakter des Landes, auf den ihr doch soviel Wert legt, verloren, und möglicherweise wird es bald eine palästinensische Mehrheit geben. Die andere Möglichkeit ist, daß ihr ihnen kein Stimmrecht gebt, und dann wird Israel zu einem Apartheidstaat. Wie könnt ihr nach dem in der jüdischen Geschichte an Verfolgung und Entrechtung erfahrenen Leid denn nur so etwas in Betracht ziehen?« Die Antworten waren für mich ziemlich ernüchternd. Einen Apartheidstaat wollten sie selbstverständlich ebensowenig wie ich, ihre Schlußfolgerungen waren jedoch gänzlich andere als meine. Während sich für mich zwingend die Notwendigkeit zur Verständigung mit den Palästinensern ergab, forderten sie eine ethnische Trennung von Juden und Palästinensern. Aus ihren Worten hörte ich deutlich die Parolen von Rechavam Ze'evi heraus, dessen rechtsextreme Partei in den neunziger Jahren mit Blick auf die Palästinenser unverblümt eine »Transferlösung« forderte, womit nichts anderes als die Abschiebung der nichtjüdischen Araber aus Israel in benachbarte Länder gemeint war. Für die israelische Linke stand Ze'evi stellvertretend für die moralische Verwahrlosung der Öffentlichkeit des Landes. Die Tatsache, daß dessen Vorstellungen im Parlament und zeitweise sogar in der Regierung verbreitet waren, wurde von uns als eine beständige Bedrohung der israelischen Demokratie empfunden. Nationalreligiöse Parteigänger identifizierten sich meist nicht offen mit Ze'evis Position, und ich erhielt nie eine eindeutige Antwort. So war es auch bei Orlev und Yahalom in der Radiosendung. Ich konnte mich aber nie des Verdachtes erwehren, daß viele Nationalreligiöse im geheimen an der einen oder anderen Form der »Transferlösung« festhielten. Vielleicht dachten sie, daß die Palästinenser mit der Zeit einfach emigrieren würden, ich konnte mir ihre Position jedenfalls nicht anders erklären. Gerade wegen ihrer westlichen Bildung waren mir die Nationalreligiösen daher am unheimlichsten. Die meisten von ihnen wußten genug über die Geschichte, um zu verstehen, wie wichtig die Achtung der Menschenrechte für ein friedliches Miteinander ist. Mein Eindruck war, daß die religiösen Überzeugungen bei den Nationalreligiösen zu moralischer Blindheit führten. Sicherlich waren sie humanistischen Wertvorstellungen verpflichtet, doch bei den Palästinensern warfen sie diese einfach über den Haufen.

In den Jahren bei Radio Kol Chai traf ich jedoch noch auf andere Vertreter politischer und gesellschaftlicher Gruppen. Einer der interessantesten war der in Moldawien geborene heutige Außenminister Avigdor Lieberman. Nach dem Sieg des Likud unter Benjamin Netanjahu im Jahr 1996 wurde er zunächst Leiter des Premierministerbüros und erwies sich dabei als äußerst geschickter Taktiker. Lieberman war in der Talkshow über eineinhalb Stunden zu Gast. Er war sehr diplomatisch und zuvorkommend. Dennoch war hinter der höflichen Fassade ein kalter und harter Mensch zu spüren. In jedem Moment schien er die anderen Teilnehmer kühl zu messen und strategisch einzuordnen. Ich hatte damals noch keine Ahnung, wieviel politische Macht er eines Tages haben würde und wie sehr die Machtobsession, die ich damals bei ihm spürte, die israelische Politik beeinflussen würde.

Ein anderes aufschlußreiches Erlebnis war der Besuch von Uriel Reichman, der lange Zeit Dekan der Rechtsfakultät der Universität Tel Aviv gewesen war, bevor er das Interdis-

ciplinary Center (IDC) in Herzlija, eine inzwischen angesehene Privatuniversität, gründete. Er steht für eine Richtung,
die in Israel meist als zionistischer Mainstream charakterisiert wird und womit insbesondere die Position verknüpft
ist, Israels Sicherheit oberste Priorität einzuräumen. Die von
Reichman gegründete Herzlija-Konferenz ist zu einem Po-
dium geworden, auf dem israelische Politiker neue Über-
legungen zur politischen und militärischen Verteidigung
Israels vorstellen. Ariel Scharon etwa kündigte dort im Jahre 2004 den Rückzug aus dem Gazastreifen an. Der zionistische Mainstream ist wirtschaftlich meist liberal orientiert
und sieht in Israels Unternehmertum den Kern der prospe-
rierenden israelischen Wirtschaft. Seine Anhänger betonen
die Wichtigkeit des Militärdienstes und sind der Ultraorthodoxie gegenüber überaus kritisch eingestellt, da diese weder zur Wirtschaft noch zur Sicherheit etwas beiträgt. Wie
Reichman sind viele von ihnen säkular eingestellt, aber ein
Teil würde sich durchaus als moderat religiös bezeichnen.
Sie sind dem jüdischen Glauben gegenüber auf eine traditionelle Weise wohlgesinnt eingestellt, solange die Religion
im öffentlichen und politischen Leben eine nicht zu große
Rolle spielt. Der zionistische Mainstream bezieht sich positiv auf die israelische Gründergeneration, für seine Vertreter
ist es enorm wichtig, den Zionismus als Ethos aufrechtzuerhalten. Denkrichtungen, die den Zionismus als Überbleibsel
eines anachronistischen Nationalismus oder als rassistische
Ideologie abtun, werden von Vertretern dieser politischen
Richtung als subversiv und destruktiv kritisiert. Nationale
Ideale werden hochgehalten, zugleich wird aber betont, daß
diese Ideale mit den Prinzipien einer liberalen Demokratie
vereinbar sein müssen. Die beiden Parteien, die heute am
deutlichsten für diese Position stehen, sind die Arbeitspartei Avoda und die erst 2004 von Scharon gegründete Partei

Kadima, der Reichman heute angehört. Dem »zionistischen Mainstream« können etwa vierzig Prozent der Bevölkerung zugerechnet werden.

Reichman hatte damals die Bewegung Chukah le-Israel (Verfassung für Israel) gegründet, die es sich zum Ziel gesetzt hatte, Israel endlich eine säkulare Verfassung zu geben. David Ben-Gurion hatte bei der Staatsgründung auf eine geschriebene Verfassung aus pragmatischen Gründen verzichtet, vor allem weil ihm das Verhältnis zwischen Staat und Religion als ein zu brisantes Thema erschienen war. Im Fehlen einer Verfassung sah Reichman damals einen der Hauptgründe für die Instabilität des politischen Systems des Landes. Sein Verfassungsvorschlag sah die strikte Trennung zwischen Staat und Religion vor und beabsichtigte, den säkularen Charakter Israels festzuschreiben. Als Reichman in Bnei Brak in die Talkshow kam, war es faszinierend zu beobachten, wie ihn die ultraorthodoxen Teilnehmer der Talkshow und die Mitarbeiter der Radiostation furchterfüllt beäugten, geradeso, als ob sie einem Teufel gegenübersitzen würden. Als Reichman ihnen geduldig erklärte, warum nur eine Trennung von Staat und Religion politische Stabilität bringen würde und warum letztendlich auch die Ultraorthodoxie von einer säkularen Verfassung profitieren würde, waren die Religiösen nicht einmal in der Lage, ihr Unbehagen zu überwinden und auf seine Argumente einzugehen.

Gegen Mitternacht, nach dem Ende der Sendung, diskutierten die Teilnehmer ohne Mikrophon häufig noch weiter. Off-air war das Gespräch in der Regel entspannter, auch wenn die Konflikte nur allzu spürbar blieben. Elazar Sturm und ich entflohen nach dem Ende der Talkshow meist sehr bald dem Studio und fuhren in die Stadtmitte von Tel Aviv. Donnerstagabend ist in Tel Aviv Ausgehnacht, und nach Mitternacht geht es meist erst richtig los. Überall sind dann lebenshungrige Singles unterwegs auf der Suche nach neuen Begegnungen und erotischen Abenteuern. Meist gingen wir in unser Lieblingslokal, eine Seafood-Tapas-Bar, und befanden uns dann in einer Welt, die verglichen mit Bnei Brak unterschiedlicher kaum sein konnte. Sturm und ich waren uns natürlich bewußt, daß Meeresfrüchte nicht koscher und zusammen mit Schweinefleisch der Inbegriff dessen sind, was ein religiöser Jude nicht anrührt. So saßen wir mit unseren Crevetten an der Bar, beide Junggesellen, tranken guten Wein (der auch nicht koscher war) und diskutierten angeregt unsere Erlebnisse in Bnei Brak. Das Radiostudio spiegelte wie ein Mikrokosmos die Risse und Konflikte in der israelischen Gesellschaft wider. Aber jenseits der Faszination waren wir tief besorgt. Seit der Ermordung von Rabin 1995 wurde immer deutlicher, daß die ideologischen Spannungen innerhalb der israelischen Gesellschaft ein großes Gewaltpotential in sich bargen und sowohl ethnischer wie politischer und religiöser Natur waren. Was uns am meisten beschäftigte, war die Frage, ob die israelische Demokratie diese Spannungen würde aushalten können oder ob sie letztlich daran zugrunde gehen würde. Sowohl die nationalreligiösen als auch die ultraorthodoxen Parteien waren ja, in letzter Instanz, der Religion stärker verpflichtet als der Demokratie. Von den heftigen Verwerfungen innerhalb der israelischen Gesellschaft, die erst mit Beginn der zweiten Intifada und dann im Vorfeld des Rückzugs aus dem Gazastreifen 2005 in vollem Maße zutage traten, ahnten wir in dieser Zeit Ende der neunziger Jahre noch nichts.

Die jungen Leute um uns herum in dem Restaurant kannten die Welt, von der wir sprachen, überhaupt nicht. Die Barkeeper waren meist Studenten aller möglichen Fachrichtungen, die auf diese Art ihr Studium finanzierten. Wir verwickelten sie oft in Gespräche und versuchten zu verstehen, wie sie das Land sahen, in dem sie lebten. Die wenigsten waren politisch interessiert, und nur ein Bruchteil engagierte sich in der einen oder anderen Form politisch. Sicherlich, der Schock über die Ermordung Rabins hatte damals auch sie erfaßt, wie Zehntausende andere Israelis hatten auch sie ganze Nächte mit Kerzen am nunmehr in Rabinplatz umgetauften früheren Platz der Könige Israels gesessen, und viele von ihnen hielten den Mörder Jigal Amir, der der Siedlerbewegung nahestand, für eine verabscheuenswürdige Person. Aber jetzt, vier Jahre später, waren sie zu sehr mit ihrem eigenen Leben beschäftigt, um noch an Politik zu denken. Die Rechtsanwaltsprüfung oder die Mathematikprüfung stand bevor, auf die sie sich vorbereiten mußten, obgleich sie in der Nacht arbeiteten. Oft blieben wir, bis unser Lokal um drei Uhr in der Frühe geschlossen wurde, und gesellten uns dann zu den Kellnern und Barkeepern, die im gegenüberliegenden Lokal zusammen mit anderen Kellnern aus der ganzen Stadt ihren Feierabend begannen. Während Sturm und ich meist nach einer weiteren Stunde genug hatten und erschöpft den Heimweg antraten, stürzten sich die Studenten mit neuer Energie in die Afterhour Tel Avivs. Die meisten kamen wahrscheinlich nicht vor Tagesanbruch ins Bett. Sie würden den ganzen Tag schlafen, um für die besonders einträgliche Freitagabendschicht wieder fit zu sein, um dann das Ganze noch einmal von vorne zu beginnen.

Was, so fragte ich mich damals Woche für Woche erneut, war nun die Realität des Staates Israel Ende der neunziger Jahre? Die von Bnei Brak? Die der nationalreligiösen Siedlungen in den palästinensischen Territorien? Die der Schas-Wähler, die von neunzigjährigen Kabbalisten Amulette erhielten für das Versprechen, ihre Stimme der Partei zu geben? Oder war es der dionysische Rausch des Nachtlebens in Tel Aviv? Oder waren all dies nur Randphänomene und der zionistische Mainstream unverändert das Zentrum, das Israel zusammenhielt? Oft dachte ich, daß auch das abendliche Tel Aviv die Realität des Landes ebensowenig widerspiegelte wie meine Erfahrungen in Bnei Brak, weil die lebensfreudigen jungen Menschen nicht verstanden oder nicht verstehen wollten, daß sie auf einem Vulkan lebten, der jeden Moment ausbrechen konnte. Dennoch, inmitten der pulsierenden absoluten Gegenwärtigkeit des Nachtlebens in Tel Aviv erschien Bnei Brak mir oft wie ein Relikt früherer Zeiten, das irgendwann einfach verschwinden würde. Die Tatsachen deuteten allerdings in eine andere Richtung. Was würde geschehen, wenn Israels Demographie sich so weiterentwickeln würde wie jetzt? Irgendwann würden die Ultraorthodoxen die Oberhand gewinnen, weil es für sie eine religiöse Pflicht war, möglichst viele Kinder in die Welt zu setzen. Nun gibt es zwar keine Zwangsläufigkeit, daß die Kinder der Orthodoxen genauso religiös sein müssen wie die Eltern, doch sie wachsen zumindest in einem politisch und religiös sehr gefestigten Milieu auf, das seine Spuren hinterläßt. Israel, eine Theokratie? Keiner der ultraorthodoxen Politiker, mit denen ich beim Radiosender zu tun hatte, hätte sich jemals vor dem Mikrophon zu diesem Ziel bekannt. Nach Sendeschluß aber wurde oft Tacheles gesprochen. Mit kaum vorstellbarer Gelassenheit und meist auch mit leuchtenden Augen erklärten sie mir dann, Israel werde schon bald nach biblischen und talmudischen Gesetzen regiert. Für mich klang das stets wie eine Drohung. So etwas wie ein vernünftiger demokratischer Dialog mit Andersdenkenden war dabei nicht vorgesehen, überhaupt schien in dieser messianischen Phantasiegesellschaft kein Platz zu sein für die Interessen und Bedürfnisse anderer Gruppen. Zu Ende gedacht war es eine totalitäre Phantasie, der sie anhingen. Es war gespenstisch.

Ende der neunziger Jahre war Israels Demokratie noch von anderer Seite bedroht. Damals, mit dem »Falken« Benjamin Netanjahu an der Macht, war es unwahrscheinlich, daß der Friedensprozeß zu einem guten Ende kommen würde. Dennoch stellte sich unweigerlich die Frage, wie sich in einem solchen Falle die Nationalreligiösen verhalten würden, wenn etwa eine israelische Regierung beschließen würde, die heiligen Stätten von Hebron zu räumen. Wären sie bereit, dieses Vorgehen zu akzeptieren, oder würden sie die Legitimität der demokratischen Entscheidung verwerfen und mit Gewalt die Regierung zu stürzen versuchen? In den hoffnungsvollen Momenten erschien mir all das nur als ein Ausdruck von Israels politischer Unreife. Wie in Europa würden auch hier die Wähler bald verstehen, daß eine Theokratie Israel zu einer Existenz in Armut verdammen würde, daß die Trennung von Staat und Religion eine Notwendigkeit sei und daß nur die Gründung eines eigenständigen palästinensischen Staates Israel jemals auf Dauer Sicherheit und Ruhe bringen würde. In den düsteren Momenten dachte ich hingegen an den Iran, der sich nach 1979 innerhalb kürzester Zeit in eine islamische Sittendiktatur verwandelt hatte. Wie konnte ich mir sicher sein, daß in Israel nicht ähnliches geschehen würde?

Seit 1999 sind all diese Fragen nur noch drängender geworden. Damals ahnten wir nicht, daß dem israelisch-palästinensischen Konflikt seine blutigste Phase erst noch bevorstand und wenig später am 11. September 2001 der Konflikt zwischen dem Westen und dem Islam in eine neue Phase eintreten würde. Heute, über zehn Jahre später, ist die Situation verfahrener denn je. Beeinflußt vom Weltgeschehen, hat sich im Nahen Osten eine fatale Dynamik herausgebildet, die aus palästinensischen Fehlern und aus einer israelischen Politik resultiert, die zum Teil durch Fanatismus, vor allem aber durch Angst geprägt ist. Die derzeitige pragmatische Sicherheitspolitik Israels erscheint dabei so alternativlos, wie sie zugleich für alle Beteiligten hoffnungslos ist: An die Stelle des einst von der Mehrheit der israelischen Gesellschaft mitgetragenen Friedensprozesses ist keine neue Idee, keine neue Vision eines die gegenseitige Würde achtenden Zusammenlebens zwischen Israelis und Palästinensern getreten. Auch vor diesem Hintergrund wird verständlich, warum die israelischen Identitäten zum Teil immer extremere Formen angenommen haben, wobei gegenwärtig insbesondere die Radikalisierung der nationalreligiösen Rechten die israelische Demokratie bedroht. Israel ist zwar immer noch eine recht gut funktionierende, wenn auch etwas chaotische Demokratie. Aber ob die Mehrheit seiner Einwohner gegenwärtig der Meinung ist, daß eine liberale Demokratie der Rahmen sein muß, in dem die gesellschaftlichen Gegensätze vermittelt werden sollen, kann durchaus bezweifelt werden. Die nationalreligiöse Bewegung etwa verteilt sich heute auf vor allem zwei rechtsextreme Parteien (Bajit Jehudi und Ichud Leumi). Die relative Milde und Weltoffenheit der früheren Mafdal-Partei vor allem der siebziger und achtziger Jahre hat einer neuen brisanten Mischung aus Ultraorthodoxie und nationalreligiösem Messianismus Platz gemacht. Der extreme Flügel dieser Bewegung glaubt im übrigen, daß der israelische Staat nicht das Recht habe, auf die heiligen Stätten zu verzichten. Die Juden, so sagen sie, dürften nie wieder Hebron, die Gruft der Väter, den Tempelberg, die Gräber Rachels und Josephs aufgeben. Viele von ihnen denken, daß die Entscheidung, sich von diesen Orten zurückzuziehen, der israelischen Demokratie die Existenzberechtigung nehmen würde.

Nicht minder demokratiegefährdend ist der wachsende Einfluß der Ultraorthodoxen. Sie sehen in der israelischen Demokratie ein Werkzeug, das es ihnen erlaubt, insbesondere finanzielle Vorteile für ihr Milieu zu erzielen. Sie betrachten sich selbst jedoch nicht als Teil dieser Demokratie, die ihnen auch Pflichten auferlegt, und steuern weder zur israelischen Wirtschaft noch zur israelischen Sicherheit irgend etwas bei. Viele von ihnen hoffen, daß Israel in der Zukunft zu einer Theokratie wird. Die säkularen Gesetze Israels sind für sie nachgeordnet; was wirklich für sie gilt, ist das Gesetz Gottes.

Anders ist es um die Spannungen mit den sephardischen Juden bestellt, sie können prinzipiell in einem demokratischen Rahmen verhandelt werden. Deren Wut auf die Erniedrigungen, die insbesondere die erste Einwanderergeneration erfahren hat, ist verständlich, zugleich integriert sich ihre Kultur mehr und mehr in den israelischen Mainstream. Trotzdem hat die sephardische Schas-Partei auch neue Probleme geschaffen, da sie in ihrem geistigen Führer Ovadia Joseph eine Autorität sieht, die über der demokratischen Rechtsordnung steht.

Auch viele der Wähler, die aus der früheren Sowjetunion nach Israel eingewandert sind, stehen dem Wertekanon der liberalen Demokratie mit Skepsis gegenüber. Diejenigen, die für Avigdor Lieberman stimmen, ziehen Stabilität und Sicherheit den Grundprinzipien der Gleichheit vor. Liebermans Gesetzesvorschläge, die eindeutig die arabischen Bürger Israels diskriminieren, stoßen bei ihnen mitunter auf große Zustimmung.

Nun ist Israel sicher nicht das einzige Land, in dem verschiedene Kulturen, Ideologien und ethnische Gruppen miteinander leben und manchmal auch miteinander in Konflikt geraten. In Indien ist die ethnische, kulturelle und religiöse

Vielfalt um einiges komplexer, das demokratische System ist etwa gleich alt und dürfte ebenso noch einige Konflikte zu lösen haben, damit eine Befriedung des Landes erreicht wird. Dies ist nicht überraschend, wenn man daran denkt, wie viele Transformationen, Revolutionen und Kriege heute mustergültige Demokratien wie Frankreich, Deutschland, Spanien und Italien durchliefen, bis sie eine einigermaßen gesicherte politische Stabilität erlangt hatten. Das tiefer liegende Problem ist, daß der verfassungsrechtliche Rahmen, der erfolgreiche multikulturelle Staaten wie die Vereinigten Staaten zusammenhält, in Israel noch sehr instabil ist.

Israels Dilemma ist, daß es die Zeit nicht hat, diese nachzuholende Entwicklung in Ruhe geschehen zu lassen. In einer feindlichen Umwelt, oft unter Androhung der physischen Vernichtung, muß dieser Staat ständig existentielle Entscheidungen treffen. Die Kombination aus ungelösten inneren Identitätsproblemen und äußeren Spannungen erzeugt einen enormen Druck auf die Verantwortungsträger wie auf die Formen der politischen und sozialen Auseinandersetzungen im Land allgemein. Hinzu kommt, daß jede nennenswerte Entscheidung des Landes – und noch mehr die Fehlentscheidungen – innerhalb weniger Stunden von der Weltpresse berichtet, analysiert und (meist negativ) kommentiert wird. Der militärische Angriff auf die Marvi Marmara im Mai 2010, die mit zahlreichen anderen Schiffen einer sogenannten »Friedensflottille« die israelische Seeblockade des Gazastreifens durchbrechen wollte, ist hierfür ein gutes Beispiel. Bei Konflikten, an denen Israel beteiligt ist, steht für die meisten Journalisten und Redaktionen von vornherein fest, daß Israel der Hauptschuldige ist und die jeweils anderen Parteien wie die Palästinenser aus Verzweiflung, Notwehr etc. gehandelt haben und sie daher keine Schuld treffen kann. Dieser »doppelte Standard«, der dabei zur Anwendung kommt und durch den Israel stets strenger bewertet wird als andere Länder, insbesondere wenn es um Menschenrechtsverletzungen geht, hat in Israel über die Jahrzehnte zu einer grimmigen Bunkermentalität geführt, einer zynischen, mißtrauischen Verteidigungshaltung, die in Israel gerade denjenigen Einstellungen und Haltungen Vorschub geleistet hat, die sich über religiöse Deutungen gesellschaftlicher Vorgänge ins Recht setzen und meinen, auf eine Politik der militärischen Stärke vertrauen zu können.

Viel von alldem ist durch die Dynamik des letzten Jahrzehntes, vor allem durch die traumatische Erfahrung der zweiten Intifada erklärbar. Und doch ist es wichtig, jenseits der unmittelbaren Tagespolitik die Frage zu stellen, was die historischen Wurzeln der israelischen Identitäten sind, wie sie sich heute in den täglichen Konflikten in Israel widerspiegeln. Ich werde zu zeigen versuchen, daß sich hinter dem Tumult der israelischen Politik ein tieferes Drama abspielt: die noch nicht beendete Auseinandersetzung der Juden mit der Moderne.[13]

Die Juden und die Moderne

Die Geschichte ist immer wieder erzählt worden. Im Jahre 1743 erreichte ein kleiner kränklicher, leicht buckliger vierzehnjähriger jüdischer Junge die Tore Berlins, wo er bei seinem Talmudlehrer weiterstudieren wollte. Er konnte zwar Hebräisch und Aramäisch lesen, sprach jedoch kaum Deutsch, sondern nur Jiddisch, und sein Wissen beschränkte sich im wesentlichen auf die Bibel und den Talmud. Vier Jahrzehnte später soll Immanuel Kant, der größte deutsche Philosoph der Aufklärung, gesagt haben, daß, wenn die »Muse der Philosophie eine Sprache« annehmen müßte, sie sich für diejenige Moses Mendelssohns entscheiden würde.[14] Ein anderer großer Verfechter der Aufklärung, Gotthold Ephraim Lessing, veröffentlichte 1779 das Lehrstück *Nathan der Weise*, in dem die Hauptfigur die Idee der zwischen den monotheistischen Religionen vermittelnden Toleranz verkörpert. Nathans Vorbild ist Mendelssohn. Als dieser 1786 starb, war er nicht nur als Philosoph und Schriftsteller berühmt, sondern galt auch als Symbolfigur für den Prozeß der jüdischen Emanzipation schlechthin. Sein Leben zeigte, daß Judentum und Aufklärung miteinander vereinbar waren und die Juden einen Platz in der westlichen, insbesondere der deutschen Kultur finden konnten. Gleichwohl blieb Mendelssohn bis zum Lebensende ein religiöser Jude. Den Glauben begriff er als auf den Bereich des Privaten beschränkt und stand damit als einer der ersten für den Versuch, die Juden gute Deutsche werden zu lassen.

Samson Raphael Hirsch, ab 1851 Rabbiner in Frankfurt am Main, folgte Mendelssohn in diesem Vorhaben. Hirsch wandte sich entschieden gegen alle Bemühungen, das Judentum als Religion zu verändern und den Zeitläuften anzupassen. Er wurde zu einem der großen Widersacher der jüdischen Reformbewegung und lehnte alle Versuche ab, die Bibel als ein von Menschen geschaffenes, historisches Dokument zu betrachten. Aber er versuchte die Vereinbarkeit von moderner Wissenschaft und Judentum zu zeigen, indem er die Bibel nach neuester philologischer Methode interpretierte.

Die Liebesgeschichte der Juden mit Deutschland ist brillant in Amos Elons Buch *Zu einer anderen Zeit. Porträt der jüdisch-deutschen Epoche 1743-1933* erzählt worden.[15] Ursprünglich wollte Elon das Buch *Deutsches Requiem* nennen, aus rechtlichen Gründen wurde dies von den Verlegern in den meisten Ländern jedoch verhindert, und nur auf hebräisch ist das Buch unter dem Titel erschienen, den Elon gewünscht hatte. Es ist sicher der passendste, denn Elon erzählt die Liebesgeschichte der Juden mit Deutschland in elegischem Ton. Schon nur der Untertitel weist auf das tragische Ende der deutsch-jüdischen Annäherung hin. 1743 ist das Jahr des Einzugs Mendelssohns in Berlin, 1933 das Jahr der Machtübertragung auf die Nationalsozialisten und zugleich der Anfang vom Ende des deutschen Judentums, wie es sich über zwei Jahrhunderte hinweg entwickelt hatte.

Mit Mendelssohn begannen die großen Fragen der modernen jüdischen Identitäten, die sämtlich Antworten darauf suchen, wie das Judentum zur Aufklärung und zur Moderne stehen solle. Erstens: Wie soll das Verhältnis zwischen Judentum und jüdischer Religion beschaffen sein? Kann es, anders formuliert, überhaupt eine jüdische Identität ohne jüdische Religion geben? Zweitens: Was für ein Verhältnis können die Juden zur westlichen Kultur entwickeln, oder stellt die westliche Kultur nur eine Bedrohung für den Fortbestand der Juden als Volk dar? Und drittens: Können die Juden als Nation definiert werden? Wenn ja, soll sich dieses Nationalbewußtsein politisch durch einen jüdischen Staat ausdrücken?

Die Antworten auf diese Fragen hätten in den letzten zweihundert Jahren kaum unterschiedlicher ausfallen können. Bereits seit Ende des 18. Jahrhunderts war das Verhältnis der Juden zur Aufklärung um einiges vielfältiger, als die heute üblich gewordene Rede vom großen jüdischen Beitrag zur westlichen Kultur glauben machen will. Alle wesentlichen Reaktionen auf die Aufklärung, die in anderen europäischen und nichteuropäischen Kulturen zu finden sind, sind auch bei den Juden zu finden: von der enthusiastischen Parteinahme für die Aufklärung bis zur religiös-fundamentalistischen Ablehnung. Das Paradox des jüdischen Staates ist es, daß dieser von Anfang an dem Aufklärungsideal des modernen Staates hätte entsprechen sollen; repräsentative Demokratie, Rechtsgleichheit, Gewaltenteilung, Trennung von Staat und Kirche, all diese Elemente waren grundlegende Prinzipien – Bestandteil der israelischen Unabhängigkeitserklärung. Israel ist gegenwärtig und in vielerlei Hinsicht eine sehr lebhafte Demokratie. Und doch ist auf dem »Weg ins Freie« vieles anders gekommen, als es die jüdischen Anhänger der Aufklärung beabsichtigt hatten.

Der jüdische Universalismus und sein Schicksal in Israel

Viele Juden des 18. und 19. Jahrhunderts entwickelten bekanntermaßen große Sympathien für die Ziele der europäischen Aufklärung. Sie sahen darin die Möglichkeit, als Juden in Europa nach Jahrhunderten der Unterdrückung endlich gleichberechtigte Bürger zu werden. Die jüdische

Hinwendung zur Aufklärung war dabei nicht einfach opportunistisch motiviert. Daß die Menschheit die Welt verbessern könne und die Welt nicht akzeptiert werden dürfe, wie sie ist, kann vielmehr als einer der zentralen Glaubenssätze des Judentums selbst gelten. Theodor W. Adorno beendete nach dem Zweiten Weltkrieg seine *Minima Moralia* mit der Feststellung, daß im Angesicht der Verzweiflung alle Dinge einzig vom Standpunkt der Erlösung aus richtig betrachtet werden könnten. Viele Juden glaubten auf die eine oder andere Weise *wirklich*, daß die Philosophen die Welt nur verschieden interpretiert hätten, es aber darauf ankomme, sie zu verändern. Viele wendeten sich begeistert der sozialistischen Vision absoluter Gerechtigkeit und Freiheit sowie der Ansicht zu, daß die menschliche Natur erst in einer vernünftig eingerichteten Welt zu voller Entfaltung gelange.

Die universalistisch-aufklärerischen Vorstellungen schlugen weltweit im Judentum schnell Wurzeln. Es ist wohl unnötig, noch einmal nachzuerzählen, wie stark viele Juden die deutsche Kultur aufgrund ihrer universalistischen Haltung nicht nur annahmen, sondern sich zu eigen machten; nötig aber, daran zu erinnern, daß sie darin erfolgreich waren: Harry (alias Heinrich) Heine war einer der populärsten deutschen Dichter des 19. Jahrhunderts, nicht nur mit seinem Lied von der Loreley, Gustav Mahler komponierte in Wien seine bahnbrechenden Symphonien und Lieder, und die historische Tatsache, daß die jüdischen Denker Sigmund Freud und Albert Einstein das 20. Jahrhundert tiefgreifend geprägt haben, ist bereits zum Klischee geworden. Wichtig ist für unseren Zusammenhang zu vergegenwärtigen, wie sehr all diese Gestalten von einem Ethos der Aufklärung geleitet waren, wie sehr sie darauf vertraut haben, daß die universelle Vernunft fähig sei, das menschliche Geschick zu gestalten. Sie waren dabei nicht immer optimistisch, Freuds Menschenbild etwa läßt wenig Raum für Illusionen. Doch die überwiegende Mehrheit der jüdischen Universalisten glaubte weder an nationale noch an religiöse Ideale. Sie hofften zumindest mit dem pessimistischen Freud auf die Stimme der Vernunft, daß diese, auch wenn sie leise sei, nicht ruhe, bis sie sich Gehör verschafft habe.

Das schreckliche Ende der deutsch-jüdischen Symbiose darf nicht vergessen machen, daß der jüdische Universalismus in den Vereinigten Staaten eine neue Heimat fand. Die Integration der Juden wiederholte sich, diesmal mit noch größerem Erfolg als in Europa. Von 1880 bis 1920 emigrierten fast zwei Millionen Juden in die Vereinigten Staaten, die meisten aus Osteuropa.[16] Obwohl die meisten Einwanderer sehr arm waren, brauchte es nur wenige Jahrzehnte, bis sie genauso erfolgreich in die amerikanische Gesellschaft integriert waren wie die früher eingewanderten deutschen Familien, die Sulzbergers, Lehmans und Guggenheims. Noch heute sind die amerikanischen Juden überdurchschnittlich stark in den freien Berufen vertreten, sie arbeiten vor allem als Anwälte, Ärzte, in den Medien und an den Universitäten sowie natürlich in dem Gebiet, das Europa den Juden einst aufgezwungen hatte: im Finanzwesen. Die jüdischen Professoren, Juristen und Schriftsteller Amerikas sind fast ausschließlich liberal orientiert, von den fast sechs Millionen amerikanischen Juden wählen fast achtzig Prozent immer wieder die Demokraten. Es waren nicht zuletzt liberale Juden, die in der Geschichte der Vereinigten Staaten für die Demokratie stritten, berühmte jüdische Intellektuelle kämpften gegen die Rassengesetze, wußten sie doch, daß die Gleichheit der Afroamerikaner auch ihre Gleichheit war. Nicht zuletzt ist eine der bedeutendsten demokratischen Institutionen der Vereinigten Staaten von geradezu verfassungsrechtlichem Rang bis heute fest in jüdischer Hand: Die *New York Times*, das traditionelle Leitmedium der Demokraten und der Liberalen, wurde von der deutsch-jüdischen Familie Ochs gegründet und wird bis heute von der Familie Ochs-Sulzberger fortgeführt.[17] Kann es einen schöneren, einen vornehmeren Beweis dafür geben, wie stark und geradezu instinktiv die Juden zum Universalismus tendieren?

Auch in Israel spielt der jüdische Universalismus eine beträchtliche Rolle in der Politik, vor allem aber in den Jahrzehnten vor der Staatsgründung. Die Hebräische Universität in Jerusalem wurde bereits 1925 gegründet, und die dominanten Figuren dieser Gründungsgeneration waren dem jüdischen Universalismus stets zutiefst verpflichtet. Herausragend war der Initiator und erste Präsident der Universität, der 1877 in San Francisco geborene Reformrabbiner Jehuda Leon Magnes, der es verstand, Koryphäen wie Einstein und Freud für das Projekt der neuen Universität zu gewinnen. Noch vor dem Zweiten Weltkrieg sammelten sich hier herausragende Figuren, die die Ausrichtung des akademischen Lebens in Israel ganz grundlegend prägten, darunter Schmuel Hugo Bergman, der der erste Rektor der Hebräischen Universität wurde, Martin Buber, der einflußreiche Religionsphilosoph, Gershom Scholem, der Begründer der modernen Wissenschaft der jüdischen Mystik, oder der Biochemiker und Religionsphilosoph Jeschajahu Leibowitz, der später einer der radikalsten Kritiker der israelischen Okkupation der palästinensischen Gebiete werden sollte.[18] Auffallend ist, daß unter diesen Gestalten alle religiösen Richtungen zu finden waren: orthodoxe Juden wie Leibowitz, nichttraditionelle religiöse Denker wie Buber und Scholem sowie radikale Atheisten wie Bergman. Was sie einte, war die tiefe Überzeugung, daß jenseits von religiösen Fragen eine universalistische Ethik gültig sei, die überall, auch in Israel, zur Anwendung zu kommen habe.

Die Professorenschaft der Hebräischen Universität stand auch aus diesem Grund der Politik David Ben-Gurions mehrheitlich kritisch gegenüber. Magnes und Buber hofften bis zuletzt, daß sich Möglichkeiten finden würden, mit der arabischen Bevölkerung zu kooperieren, beide waren gegen die Gründung eines jüdischen Staates. Andere wie der Bergman-Schüler Nathan Rotenstreich, bei dem der Autor noch studiert hat, kritisierten früh das militaristische Ethos des jungen Staates. Auch wenn viele von ihnen den jüdischen Staat vor allem nach der Shoah als Notwendigkeit betrachteten, war für sie der neue Staat kein Grund zum Feiern; sie lehnten mitunter Staaten grundsätzlich ab, und jegliche Form des nationalistischen Enthusiasmus war ihnen zuwider. Der radikale Flügel des jüdischen Universalismus war schon bald nach 1948 politisch marginalisiert oder näherte sich Ben-Gurions Kurs an, der glaubte, Israel benötige eine verpflichtende zionistische Leitkultur. Diese sollte insbesondere helfen, die schwierige wirtschaftliche Situation nach dem Unabhängigkeitskrieg in einer kollektiven Anstrengung zu meistern und als eingeschworene jüdische Kampfgemeinschaft der fortwährenden militärischen Bedrohung zu trotzen. Dennoch war auch Ben-Gurion dem jüdischen Universalismus im Rahmen seiner sozialistischen Version prinzipiell verpflichtet. Mit Israel sollte ein Modellstaat sozialer Gerechtigkeit entstehen, so hoffte er. Dies kam auch habituell zum Ausdruck. Die allermeisten Minister der ersten Generation trugen auch im Amt stolz *keine* Krawatte, sollte ihre Kleidung doch die Nähe zum arbeitenden Volk ausdrücken.

Auf eine zentrale Herausforderung der Staatsgründung hatte Ben-Gurion jedoch keine Antwort. Wie der sozialistisch-universelle Anspruch der Gleichheit aller Menschen mit dem Schicksal der arabischen Bürger Israels und der palästinensischen Flüchtlinge zu vereinbaren sein sollte, blieb in den Jahren des hektischen Aufbaus eine unbeantwortete Frage. In letzter Instanz war für Ben-Gurion das Bedürfnis der Juden nach politischer Autonomie, Sicherheit und Selbstbestimmung der Maßstab, an dem die Politik sich zu orientieren hatte – und genau das war auch die Verbindung zu Ben-Gurios schärfstem innenpolitischen Gegner: zum nationalistischen Revisionismus Wladimir Jabotinskys und seines Nachfolgers Menachem Begin.

Die zionistische Rechte

Für die zionistische Rechte[19] ist Moses Mendelssohn der Antiheld schlechthin. Allein aufgrund seiner physischen Erscheinung – klein, bucklig, häßlich – taugte er nicht zum Vorbild für die neue wehrhafte jüdische Männlichkeit. Mendelssohns philosophische und literarische Ausrichtung sowie seine Verbindung zur europäischen Aufklärung waren der zionistischen Rechten von jeher suspekt, verkörpert seine Person doch den Beginn der deutsch-jüdischen Symbiose und damit der Ursünde, die die Juden in die Gaskammern brachte. Für sein universalistisches Ethos hat die zionistische Rechte bis heute nicht viel übrig, Gesellschaft und Politik betrachten ihre Vertreter statt dessen in Begriffen eines machtpolitischen Realismus. Idealistische Konzeptionen seien gut für philosophische Seminare, wenn es um Sicherheit und Überleben ginge, zähle nur die militärische und wirtschaftliche Stärke. Ganz wie die amerikanischen Republikaner sehen sie am liebsten den sogenannten harten

Tatsachen ins Gesicht und vergessen darüber alle anderen. Am Ende steht ein trostloses Bild: Israel sei von Feinden umgeben und überlebe Tag um Tag nur dank seiner überwältigenden militärischen Macht. Heute hat die zionistische Rechte den sozialistischen Zionismus, der bis in die siebziger Jahre die vorherrschende Strömung des Zionismus war und der heute bereits der Vergangenheit angehört, abgelöst. Besonders im letzten Jahrzehnt haben rechte Positionen in Israel erheblich an Einfluß gewonnen. Seit Beginn der zweiten Intifada im Jahr 2000 haben ihre Vertreter es erfolgreich vermocht, alle relevanten gesellschaftlichen Konflikte als eine Frage der äußeren oder inneren Sicherheit zu deuten und durch den Ruf nach immer nur noch mehr Sicherheit zudem eine möglichst einfache (und parlamentarisch wählbare) Antwort anzubieten. Eine im Grunde so einfallslose wie zirkuläre Form der Politik, und dennoch ist ein Großteil des israelischen Parlaments gegenwärtig zur zionistischen Rechten zu zählen, darunter der von Benjamin Netanjahu geführte Likud samt seinen zahlreichen Abspaltungen und Ablegern. So erstaunt der seit langem anhaltende Erfolg der zionistischen Rechten, ist dessen Grundkonzept doch rückwärtsgewandt: ein Konzept, das im Kern dem 19. Jahrhundert entstammt und im wesentlichen eine Kombination aus der Hypostasierung seiner Existenz als Volk und der Idealisierung militaristischer Männlichkeit ist.

Die Antwort der zionistischen Rechten auf die obigen drei Fragen der jüdischen Moderne ist eindeutig. Sie definiert die Juden als Volk, nicht als Religion, und ist grundsätzlich säkular. Sie ist der Moderne zugewandt, konzipiert diese aber nicht in Begriffen der Aufklärung, sondern in solchen der politischen Romantik. Sie ist nicht vom Mißtrauen gegen den Nationalismus, sondern von der schwärmerischen Verbrämung des eigenen Volkes geprägt. Die politische Selbstbestimmung der jüdischen Nation ist für die Rechte daher die unhintergehbare Grundlage des eigenen Selbstverständnisses und der eigenen Weltsicht. Typisch für jede nationalistische Bewegung aus dem Geist des 19. Jahrhunderts, findet auch der rechte Zionismus die Urgründe des eigenen Volkes vornehmlich in der fernsten Vergangenheit. Die erste Wegmarke der israelischen Nation ist dabei, wie sollte es anders sein, König David. Hinzu gesellen sich die großen Helden der jüdischen Geschichte, allen voran die Makkabäer, die sich der hellenischen Besatzung im zweiten Jahrhundert vor unserer Zeitrechnung militärisch entgegenstellten, oder der zum jüdischen Helden stilisierte Bar Kochba, der in der gleichen Epoche einen Aufstand gegen das römische Imperium anführte, obgleich dieser katastrophale Folgen hatte und etwa eine halbe Million Juden das Leben kostete. Auch die Geschichte der Wüstenfestung Masada am Toten Meer, in der sich gemäß Flavius Josephus 73 unserer Zeitrechnung neunhundert Juden das Leben nahmen, um nicht den römischen Legionären in die Hände zu fallen, wird besonders gern als Vorbild für die jüdische Unbeugsamkeit angepriesen, und bis in die Gegenwart werden auf Masada immer noch Offiziere der israelischen Armee während eines frühmorgendlichen Rituals vereidigt.

All diese historischen Anrufungen wären im Grunde genommen harmlos, wenn daraus nicht ein identitätsbildender Mythos geworden wäre. Doch die zionistische Rechte, mehr noch als der sozialistische Zionismus, schämt sich der Geschichte der jüdischen Diaspora so sehr, daß sie krampfhaft den männlichsten und kriegerischsten Gestalten der jüdischen Geschichte huldigt. Diplomatische Finesse und kosmopolitische Weltoffenheit erinnern die Rechte zu sehr an das Bild vom kriecherischen Juden, der den Gojim dienerhaft den Hof macht. Netanjahus Außenminister Avigdor

Lieberman hat diese Verachtung der Diplomatie so weit getrieben, daß er gegenüber aller Welt so undiplomatisch wie möglich auftritt. Lieberman mag ein hoffnungsloser Fall sein, Benjamin Netanjahu würde man jedoch unterschätzen, legte man ihn auf die Rolle eines letztlich nicht politikfähigen Politikers fest. Schon Wladimir Jabotinsky, der Begründer des zionistischen Revisionismus und Netanjahus erklärtes politisches Vorbild, war sein Leben lang hin- und hergerissen zwischen einem zutiefst autoritären Militarismus und einer grundsätzlich liberalen Einstellung, ein Konflikt, der wie später bei Menachem Begin auch heute bei Netanjahu noch zu spüren ist. Man begreift dessen Politik besser, wenn man sie als eine israelische Variante des amerikanischen Neokonservativismus versteht. Netanjahu denkt konsequent in Begriffen vom Kampf der Kulturen, die er von seinem Vater, einem Historiker, übernommen hat. Er sieht Israel als den Vorposten des Westens im Nahen Osten und glaubt deshalb, daß der israelisch-arabische Konflikt noch lange anhalten wird. Wenig beeindruckt ihn dabei, daß der Westen inzwischen einen strategischen Wechsel vollzogen hat und versucht, die Welt stärker in Begriffen universaler Menschenrechte zu begreifen, und Netanjahus Angebot, den Westen im Nahen Osten zu repräsentieren, inzwischen dankend ablehnt.

Das Dilemma der zionistischen Rechten ist, daß sie in einer unheiligen Koalition mit den religiösen Parteien lebt. Diese Koalition begann einst in den siebziger Jahren aus rein pragmatischen Gründen und war durch einen gemeinsamen Feind bestimmt, den sozialistischen Zionismus Ben-Gurions. Aus historischen Gründen war dieser vor allem bei den Ultrareligiösen verhaßt. Menachem Begin sah in den siebziger Jahren, daß seine einzige Chance, die Vormachtstellung der Arbeitspartei zu brechen, in der Zusammenarbeit mit den religiösen Parteien bestand; diese Koalition, die keinen ideologischen, sondern nur einen machtstrategischen Grund hat, besteht inzwischen seit mehr als dreißig Jahren.

Dies bringt uns zu einem weiteren Bündnis der zionistischen Rechten, das ebenso aus taktischen Gründen entstanden ist. Begin schlug in den siebziger Jahren Kapital aus dem Haß vieler sephardischer Juden auf das aschkenasische Establishment, das ihnen bis dahin den Weg zur gesellschaftlichen Teilhabe und Anerkennung verwehrt hatte. Bei den Wahlen von 1977 wandte Begin sich erfolgreich an die sephardischen Juden und mobilisierte sie über eine traditionalistische Ansprache gegen die Arbeitspartei, mit deren Abwahl zugleich die bis dahin bestehende israelische Staatsräson des Säkularismus ihr Ende fand. Das führte zu dem paradoxen Phänomen, daß viele Sephardim Begin, der bis zu seinem Lebensende Hebräisch mit polnischem Akzent sprach, als einen der »Ihren« empfanden und bis heute oft für den Likud stimmen.

Diese Zufallskoalition produzierte seit den achtziger Jahren weitere politische Verwerfungen. Die Schas-Partei war mit Blick auf die Außen- und Sicherheitspolitik ursprünglich eher links orientiert. Ihr geistiger Führer Rabbi Ovadia Joseph war bis in die neunziger Jahre hinein strikt gegen die Besetzung der palästinensischen Gebiete eingestellt. Er tendierte nicht dazu, Land und Boden zu theologisieren, und seine religiösen Anschauungen waren eher progressiv. Aber die Schas-Partei verstand bald, daß ihre Wählerschaft aufgrund der Vereinnahmungsversuche durch Begin eher für eine rechte Sicherheits- und Siedlungsagenda zugänglich war. Um mit dem Likud um die sephardischen Stimmen konkurrieren zu können, bewegte sich die Schas-Partei daher allmählich nach rechts, obgleich der damit verbundene chauvinistische und mithin antiarabische Kurs dem sephardischen Milieu fremd war. So ist denn die zionistische Rechte heute ein eigenartiges Amalgam aus europäischer Romantik (deren Einfluß sie sich nicht bewußt ist), neokonservativer Denkweise, taktisch gewählten Koalitionen mit dem sephardischen Milieu sowie dem wachsenden Einfluß der Nationalreligiösen.

Die nationalreligiöse Rechte – gnostische Politik

Die israelische Rechte ist kaum zu verstehen, ohne ein wesentliches neues Phänomen, das erst mit dem Sechstagekrieg 1967 entstanden ist. Sowohl der sozialistische als auch der revisionistische Zionismus waren ihrem Wesen nach säkular. Alle führenden Gestalten beider Richtungen waren stolze Atheisten, und sie arbeiteten am Aufbau eines säkularen Staates. Ben-Gurion paktierte dennoch mit den religiösen Parteien aus Gründen des Machterhalts, ohne daß diese zu seiner Zeit jedoch allzu großen Einfluß auf die Politik hätten nehmen können. Pragmatisch war in diesem Zusammenhang auch Ben-Gurions Entscheidung, den jüdischen Charakter des jungen Staates zu definieren. Wenn Israel der Staat der Juden war und jeder Jude einwandern und automatisch israelischer Bürger werden konnte, dann mußte der Staat definieren können, wer Jude sei. Ben-Gurion sah in der Hast der Staatsgründung keine andere Lösung, als das Gesetz der jüdischen Religion anzuwenden, das besagt, daß Jude sei, wer Kind einer jüdischen Mutter ist oder durch einen Rabbiner in das Judentum aufgenommen wurde. In Zeiten des linken wie rechten Säkularismus war diese religiöse Definition zwar ein Zugeständnis an die religiösen Milieus der Gesellschaft, das zunächst jedoch folgenlos blieb; nicht mehr als eine Behelfskonstruktion, um die wenig Aufhebens gemacht wurde. Dies änderte sich mit dem Sechstagekrieg 1967. Dieser markiert den großen, schicksalhaften Eintritt der Religion in die Geschichte des noch jungen Staates durch die Geburt der gnostischen Politik in Israel, womit ich hier insbesondere den messianischen Zionismus meine.[20] Ein wichtiger Ort der Gnostik in Israel war traditionell die Merkas-Haraw-Jeschiwa in Jerusalem, die 1924 von Abraham Isaak Kook, »dem Vater«, gegründet wurde und seit den fünfziger Jahren von Zwi Jehuda Kook, »dem Sohn«, geleitet wurde. Politisch gesehen hatte diese Jeschiwa bis 1967 keine größere Rolle gespielt, ihr Einfluß beschränkte sich bis dahin auf die nationalreligiöse Welt, in der bis zum Sechstagekrieg zudem moderate Positionen vorherrschten. Politiker wie Josef Burg an ihrer Spitze stritten vor 1967 mit der Regierung vor allem darum, die Aufgaben und Befugnisse der religiösen Institutionen wie des Zentralrabbinats in Abgrenzung zum grundsätzlich säkularen Staatswesen dauerhaft zu fixieren. Die Eroberung der heiligen jüdischen Stätten im Sechstagekrieg aber stürzte ganz Israel in eine fiebrige Erregung. Beinahe über Nacht entstand eine neue messianische Begeisterung und lenkte das neue Gefühl der Freiheit, sich militärisch endlich einer bedrückenden Gefahr entledigt zu haben, in eine unerwartete Richtung. Die Besiedlung der heiligen Stätten wurde von den neuen Wortführern des Messianismus als heilige Pflicht ausgegeben – und diese lernten oder lehrten fast ausnahmslos an der Merkas-Haraw-Jeschiwa. Im aufgeheizten Sommer 1967 war es genau diese brisante Mischung aus realen Ereignissen und ihrer messianischen Umdeutung, die dazu führte, daß die in Israel bis dahin bestehende Trennung von Religion und Politik innerhalb kürzester Zeit kollabierte. Der heilige Enthusiasmus schwemmte zugleich den Pragmatismus der früheren nationalreligiösen Bewegung samt ihren Figuren wie Josef Burg oder dessen Nachfolger Sevulun Hammer hinweg und machte einem bis dahin unbekannten Irrationalismus Platz. Die neuen charismatischen Führer ließen ihre Vorgänger wie langweilige Bürokraten aussehen, die unfähig waren, die geschichtliche Größe des Momentes zu erkennen. Erstmals seit dem falschen Messias Sabbatai Zwi durften die Juden wieder davon überzeugt sein, daß Gott in die Geschichte eingegriffen habe. Die Geburtsstätte Abrahams, das Grab Josefs, der Tempelberg und damit die mythischen Orte, von denen die Juden seit Jahrtausenden geträumt hatten und die in den täglichen Gebeten jedem jüdischen Kind mitgegeben wurden, waren nach zweitausend Jahren Exil wieder in jüdischen Händen. Wenn das Exil eine Strafe Gottes gewesen war, so mußte doch auch die Wiedereroberung des Ortes, an dem Abraham Isaak beinahe geopfert hatte und an dem später der erste und der zweite Tempel erbaut wurden, eine theologische Bedeutung haben! Das Paradox ist, daß diese messianische Form der Politik behauptete, genuin jüdisch zu sein, obgleich sie letztlich eine verspätete Variation eines europäischen Motivs war. Der große politische Theoretiker Eric Voegelin hat in seinen klassischen Studien bereits um 1930 gezeigt, daß es in der europäischen Politik des 19. Jahrhunderts eine ausgeprägte mystische Tendenz gab.[21] Volksgeistmythen in Verbindung mit Vorstellungen religiöser oder weltlicher Erlösung prägten in der zweiten Hälfte des 19. Jahrhunderts nachhaltig die unterschiedlichen europäischen Nationalismen, man denke etwa an die völkische Kyffhäuser-Legende. In den ersten Phasen des Zionismus war von dieser gnostischen Tendenz jedoch wenig zu spüren. Das dürfte nicht zuletzt mit der Skepsis der frühen Zionisten gegenüber den weltlichen Erlösungsideologien diverser europäischer Nationalbewegungen samt dem für diese konstitutiven »nationalen Antisemitismus« zu tun haben, nicht zuletzt der Deutschvölkischen mit ihren Phantasien vom »Reich«.[22]

Zwar gab es, wie Gershom Scholem gezeigt hat, im Judentum eine starke mystische Tradition, die aufgrund ihrer Weltabgewandtheit ohne politische Ambitionen war. Als Urvater des messianischen Zionismus wird daher oft der bereits erwähnte Abraham Isaak Kook (1865-1935) betrachtet, den die Briten zum ersten aschkenasischen Oberrabbiner in Palästina ernannten. Er interpretierte die Rückkehr des jüdischen Volkes in seine Heimat mystisch, hatte dieser Vision jedoch keinen konkreten politischen Gehalt gegeben. Sein Verhältnis zur heutigen gnostischen Politik, die von seinem Sohn Zwi Jehuda Kook (1891-1981) begründet wurde, ist umstritten. Einige Interpreten sehen ihn nicht so sehr als Vorläufer des gegenwärtigen Messianismus in Israel und argumentieren, sein mystisches Denken sei außerweltlichen Charakters gewesen und erst sein Sohn habe die Anschauungen des Vaters pervertiert.

Unzweifelhaft ist jedoch, daß der Einfluß der nationalreligiösen Bewegung auf die israelische Politik in den letzten Jahrzehnten enorm gestiegen ist. Die mit religiösem Eifer betriebene Besiedlung der Westbank wurde anfangs sogar vom jetzigen Präsidenten Schimon Peres unterstützt. Den messianischen Eiferern gelang es geschickt, die Angst der Israelis, die Grenzen Israels könnten zu unsicher sein, für sich zu nutzen und zum Motor der ungehemmten Siedlungspolitik im Westjordanland zu machen, die zum Teil aus religiösen Gründen, zum Teil aus Sicherheitserwägungen und teils aus schlichter Trägheit begonnen wurde und bis in die Gegenwart hinein weitergeführt wird, so daß sie heute die Machbarkeit der Zweistaatenlösung in Frage stellt.

Leicht kann man der Verführung erliegen, in der messianischen Gnostik der nationalreligiösen Bewegung in Israel das Wesen des Zionismus zu sehen, wie dies Jacqueline Rose getan hat.[23] Dies ist etwa so überzeugend wie zu sagen, daß der islamistische Extremismus die Wahrheit Irans sei. Hätte Johnson 1967 von Israel ausdrücklich gefordert, die Westbank zu verlassen, wie Eisenhower 1956 nach der Suezkrise den Rückzug aus dem Sinai befohlen hatte, und hätte Ben Gurion öffentlich seine Meinung kundgetan, daß die Besetzung der Gebiete das Ende Israels sein würde, hätte alles anders werden können. Denn die zionistische Bewegung war ursprünglich nicht messianischer als andere (Volks-)Befreiungsbewegungen auch, sie unterlag unterschiedlichen Konjunkturen und paßte ihre Ziele jeweils dem Machbaren an. Mag sein, daß man in einem Jahrzehnt den nationalreligiösen Messianismus unserer Tage, wenn die Zweistaatenlösung zu einer annähernd friedlichen Koexistenz von Palästinensern und Israelis geführt haben wird, als interessantes historisches Phänomen bestaunen wird. Heute jedoch können wir einfach nicht wissen, ob nicht die nationalreligiöse Rechte der Verderb Israels sein wird. Die Möglichkeit, daß ein vollends zur Macht gelangter Messianismus den Nahen Osten in eine apokalyptische Katastrophe stürzen wird, ist eine durchaus reale Gefahr. Auch heute existieren in Israel Gruppen, die die Sprengung der Moscheen auf dem Tempelberg planen, und es ist den sonst so verachteten Geheimdiensten des Landes zu verdanken, daß sie die Pläne solcher Gruppen bislang rechtzeitig entlarvt haben. Wie die Hamas und der iranische Fundamentalismus sind die Nationalreligiösen eine Bewegung mit enormem Bedrohungs- und Schadenspotential. Wie jene ist dieser ein hochmodernes Phänomen, denn er gehört zu den fundamentalistischen Reaktionen auf die Globalisierung und hat auch aus diesem Grund mit dem Wesen des historischen Zionismus wenig zu tun. Will man ihn verstehen, muß man ihn aus der Gegenwart heraus begreifen, nicht aus der Vergangenheit.

Die ultraorthodoxe Verwerfung der Moderne

Mendelssohns Eintritt in die Welt der universalistischen Aufklärung wird bereits im 18. Jahrhundert von verschiedenen jüdischen Strömungen als Bedrohung des Jüdischen betrachtet. Diese lassen sich unter dem Begriff der Ultraorthodoxie zusammenfassen. Ihre Vertreter versuchten bereits früh, Mendelssohns Ideen durch eine Betrachtung seiner weiteren Familiengeschichte zu diskreditieren. Vier der sechs Kinder Mendelssohns konvertierten bekanntlich zum Christentum, am bekanntesten von ihnen ist wohl Abraham Mendelssohn, der seinen Namen in Mendelssohn-Bartholdy änderte und Vater des Komponisten Felix Mendelssohn-Bartholdy war. Diese Form der Assimilation, so die Ultraorthodoxen, sei das Resultat des jüdischen Versuchs, sich mit der Aufklärung anzufreunden. Was sei es da schon wert, daß Felix Mendelssohn-Bartholdy ein großer Komponist war? Letztendlich schrieb er katholische Messen, und die Mendelssohn-Familie sei damit einer jener vielen Fälle, in denen eine dreitausendfünfhundertjährige Tradition jüdischen Lebens und Glaubens zu ihrem Ende gekommen sei. Das jüdische Volk und die jüdische Religion könnten die Verschmelzung mit der Aufklärung offensichtlich nicht überleben. In der Konsequenz formierte sich die Ultraorthodoxie in strikter Verweigerung der europäischen Aufklärung und der bürgerlichen Moderne. Wie alle anderen Formen des Fundamentalismus durchzieht auch die

Ultraorthodoxie ein Widerspruch, ist sie doch ein genuin modernes Phänomen in dem Sinne, als sie bereits eine Reaktion auf die Herausbildung der Moderne ist, mit dem Unterschied zum liberalen Judentum, daß sie sich nicht an die Moderne anpaßt, sondern sich statt dessen dogmatisch im Bereich des Religiösen verpuppt. Zugleich behauptet die Ultraorthodoxie aber, uralt zu sein und die einzige authentische Weiterführung des historischen Judentums. Doch wie so oft bei Legendenbildungen, die in die Jahrhunderte zurückgreifen, ist es auch hier mit der Begründung der angeblichen Tradition nicht weit her. Die Ultraorthodoxie ist nicht nur in der Doxa, sondern auch in der Praxis im 19. Jahrhundert stehengeblieben und besteht darauf, daß das einzig wahre Judentum so auszuschauen habe wie einst vor dem Sündenfall der Aufklärung, und so ist die Kleidung bestimmter chassidischer Ultraorthodoxer eine getreue Kopie der jüdischen Kleidung im polnischen Schtetl.

Die jüdische Ultraorthodoxie zerfällt heute in zwei grundlegende Strömungen, den Talmudismus und den Chassidismus. Der Talmudismus stammt ursprünglich aus Litauen und betont die Wichtigkeit des Studiums der Bibel, insbesondere des Talmuds. Das Reich des Talmudismus ist seit seiner Herausbildung im 18. Jahrhundert die Jeschiwa. Diese ist nicht nur der zentrale Ort des talmudischen Denkens, sie soll darüber hinaus die orthodoxen Jugendlichen in ihrer religiösen Identität so weit stärken, daß sie auf alle Zeit den Versuchungen der säkularen Welt widerstehen. Die andere, in Polen entwickelte chassidische Tradition hat eine stark mystische Färbung. Sie entwickelte sich in Abgrenzung zur Betonung des intellektuellen Aspektes in der litauischen Tradition und versuchte, den einfachen, armen Ostjuden, die oft weder Zeit noch Geld hatten, um sich in das Thorastudium zu vertiefen, eine Alternative zu bieten. Statt daß ihr Unwissen sie zu nur zweitklassigen Juden machte, schuf der Chassidismus für sie die Möglichkeit, im Singen, Tanzen, Beten und der Innigkeit des Glaubens eine direkte spirituelle Form des Judentums zu leben. Obwohl miteinander zerstritten, hatten die beiden Strömungen jedoch die Ablehnung der Moderne gemeinsam. Das Ghetto war für sie nicht ein Zwang, sondern eine Wahl, nicht ein Käfig, sondern eine Burg, die die Ewigkeit des Judentums garantieren sollte. Auch der gesamte Bereich der Politik war der Ultraorthodoxie zu weltlich, vor allem der politische Zionismus, den sie als theologisch inakzeptabel verwarf. Hatte die Bibel nicht gesagt, daß die Juden nach dem Exil nur noch vom Messias höchstselbst nach Israel zurückgeführt werden könnten? Die ultraorthodoxe Verwerfung der Politik hatte indessen einen schrecklichen Preis. Chassidische Rabbiner rieten ihren Anhängern noch zu Beginn des Zweiten Weltkrieges, Osteuropa nicht zu verlassen, da ihnen aufgrund ihrer Gottesnähe nichts geschehen werde; die überwältigende Mehrzahl der in den dreißiger Jahren in Europa lebenden Ultraorthodoxen wurde in den Konzentrationslagern ermordet.

In Palästina gab es bereits lange vor der Staatsgründung und lange vor den ersten europäischen Einwanderungswellen ultraorthodoxe Gemeinden, auch sie hielten sich von der Politik fern und interessierten sich schlicht nicht für die Konflikte im Heiligen Land. Nun kamen Anfang des 20. Jahrhunderts die ersten Gemeinden hinzu, deren Mitglieder den Pogromen Osteuropas entflohen waren. Durch diese Einwanderung begann sich allmählich eine neue Kultur der Ultraorthodoxie zu entwickeln, einige der klassischen Jeschiwot wurden in Palästina und später in Israel erneut gegründet. Doch die Ultraorthodoxie hatte mit dem Staat ein tiefgreifendes theologisches Problem. War er nicht das Resultat eines sündhaften Versuchs, die Geschichte in die eigene Hand zu nehmen? War die säkulare israelische Kultur nicht eine Gefahr für das Judentum, genauso wie die europäische es gewesen war? Wenn es auch sonst kaum Erfreuliches zwischen Juden und Christen gab, die Grenzen zumindest waren klar definiert. Das konnte man von dem Verhältnis zu den neuen jüdischen Ungläubigen Israels nicht sagen, und so entstand in den Augen der Vertreter von Talmudismus und Chassidismus wiederum eine Assimilationsbedrohung. Die von der Ultraorthodoxie gezogene Konsequenz war die Wiedererrichtung des Ghettos im Staat der Juden, anfangs nur in zwei Quartieren in Jerusalem, in Mea Schearim und in Geula, die vor der Staatsgründung existiert hatten, dann auch in Bnei Brak, nicht weit von Tel Aviv. In den letzten Jahrzehnten, in denen sich die ultraorthodoxe Bevölkerung enorm vermehrte, entstanden immer mehr solcher Enklaven, die vom Rest der israelischen Gesellschaft weitgehend isoliert sind. An der Politik nehmen die Ultraorthodoxen inzwischen teil, stets aber unter Protest, da ihre Theologie den Staat Israel verwirft. Bigotterie ist die Folge: Ihre Parteien akzeptierten keine Ministerposten, übernehmen keine Verantwortung und pflegen eine antipolitische Haltung, die ihre Distanz zum säkularen Staat zum Ausdruck bringen soll. In ihrem Selbstbild sind sie weit vom Rest des Landes entfernt, wie sie es auch tatsächlich physisch, kulturell und weltanschaulich in ihrem eigenen Schul- und Erziehungssystem sind, das fast ausschließlich eine religiöse Erziehung vermittelt. All das hindert sie jedoch in keiner Weise, sich ihr Schulsystem von Steuergeldern, zu denen sie nichts beitragen, finanzieren zu lassen. All das mutet zwar skurril an, und der Eigensinn solch weltabgewandter Gläubigkeit könnte einem angesichts der sonst im Angebot befindlichen Verwerfungen der Globalisierung fast sympathisch erscheinen. Doch die Ultraorthodoxie hat sich in den letzten Jahren politisiert, auf lange Sicht ist sie mit ihrem gesellschaftlich marginalen Status keineswegs zufrieden, sondern will an Einfluß gewinnen. Sie hat begriffen, daß im Nahen Osten große Kinderzahlen ein Mittel zur politischen Einflußnahme sind. Bereits heute gibt es in Israel mehr ultraorthodoxe Kinder in den ersten Schulklassen als säkulare. Hält der demographische Trend an, werden die Ultraorthodoxen im Jahre 2030 in der Knesset die größte Faktion stellen. Wie dann der israelische Alltag aussehen wird, darauf dürfte die von Ultraorthodoxen in einigen Jerusalemer Buslinien seit zwei Jahren durchgesetzte Geschlechtertrennung erst ein lauer Vorgeschmack sein. Was bei einem solchen Szenario befürchtet werden darf, ist eine so robuste wie biedere Sittendiktatur im Zeichen der muffigen Repressivität und kulturellen Dürftigkeit der Schtetl von vor über hundert Jahren. Allerdings könnte es sein, daß sich dann eine durchaus unangenehme, da praktische Herausforderung stellt: Wenn heute die israelische Wirtschaft die verarmte Ultraorthodoxie noch ernähren kann, wird dies dann nicht mehr der Fall sein. Es sei denn, die Mitglieder der Orthodoxie werden selbst ökonomisch produktiv. Ironischerweise könnte also gerade der politische Erfolg dazu führen, daß sich die Ultraorthodoxie doch noch den wirklichen gesellschaftlichen Herausforderungen stellen und das selbstgewählte innerisraelische Ghetto verlassen muß. Das aber ist Zukunftsmusik. Derzeit gefällt sich die Ultraorthodoxie im Gestus der radikalen Abkapselung und betreibt auf religions- und kulturpolitischer Ebene die Durchsetzung der eigenen Vorstellungen jüdischer Religiosität.

Die Trennung von Staat und Religion ist eine relativ
neue Errungenschaft, auch für Europa. Noch im frühen
19. Jahrhundert zog dort die Inquisition durchs Land und
ließ Menschen wegen angeblicher Glaubensverfehlungen
foltern und hinrichten. Noch jünger ist das Wissen um
die Schädlichkeit des Nationalismus. Im Westen wurde
der Versuch, eine befriedete postnationale Ordnung zu errichten, erst nach der grauenhaften Erfahrung des Zweiten
Weltkrieges unternommen. Was den Kampf um den Säkularismus anbelangt, so stellt sich für Israel das Problem,
diesen erst erheblich später als die meisten europäischen
Länder in Europa führen zu müssen. Ebenso kann in Israel
noch längst nicht davon die Rede sein, daß Politik und
Gesellschaft Abschied nehmen vom übertriebenen Feiern
des eigenen nationalen Kollektivs. Israels Identitätskampf
ist noch lange nicht an ein Ende gelangt, und wie wir im
nächsten Teil sehen werden, ist die verspätete Ankunft der
Juden in der politischen Geschichte der Hauptgrund dafür,
daß Israel vom Westen aus wie ein Anachronismus anmu-
tet.

TEIL II

Israel und das »jüdische Problem«

Die jüdische Existenz in der Diaspora

Es ist an der Zeit, vom impressionistischen Porträt heutiger israelischer Identitäten, der Risse und Spannungen in der israelischen Gesellschaft und Politik zurückzutreten und die Frage zu stellen, was die Tiefendynamik dieses Mosaiks aus Lebensformen und Ideologien ist. Warum fällt es Israel so schwer, sich in einen »normalen« Staat zu transformieren? Inwiefern ist Israel ein Sonderfall, und inwiefern widerspiegeln die dortigen Verhältnisse ganz einfach die große Schwierigkeit unserer Spezies, gerechte und rationale Gesellschaften zu erschaffen?

Die Juden lebten zwei Jahrtausende lang ohne eigene staatliche Souveränität und übernahmen vor allem in den europäischen Gesellschaften eine Funktion, die vom Historiker Yuri Slezkine[24] brillant erhellt worden ist. Jede seßhafte Gesellschaft (er nennt sie »apollinisch«) brauche eine Minorität, die gewisse Tätigkeiten übernehme, die von den jeweils Seßhaften verschmäht würden, sei dies nun die Bestattung der Toten, die medizinische Versorgung von Kranken oder das Geldverleihen. Diese Minoritäten (Slezkine nennt sie »merkurisch«) seien für die Reproduktion der Gesellschaft notwendig, aber die Seßhaften mißtrauten ihnen und verachteten sie oft. Die Dynamik zwischen den Apolliniern und den Merkuriern sei kein anthropologischer Einzelfall, sondern auf dem ganzen Globus nachweisbar. Natürlich liegt dieser idealtypischen Gegensatzbildung eine weitgehende Vergröberung gesellschaftlicher Dynamiken zugrunde, sie erhellt aber schlaglichtartig einige in diesem Zusammenhang wichtige Aspekte der jüdischen Geschichte. Folgen wir also Slezkine in seiner Argumentation. Während fast zweier Jahrtausende seien die Juden die Merkurier der apollinischen Europäer gewesen. Sie hatten keine Burgen und keine Armeen, sondern nur den Zusammenhalt der jüdischen Gemeinden, der eine gewisse Sicherheit bot. Die Juden waren kosmopolitisch, weil sie wie alle Merkurier kaum irgendwo das Recht hatten, Land zu kultivieren. Ihre gesamte Existenz war über die Gemeinden auf einem Netzwerk aufgebaut, lange bevor die Metapher und Realität des Netzwerks zur Grundlage der Weltwirtschaft und der Kultur im Zeitalter der Globalisierung wurde: Man brauchte die Juden, aber man haßte sie auch. Gleichzeitig war es für die Apollinier auch enervierend, daß die Juden, wie die Merkurier aller Völker, vom Landesüblichen immer wieder abwichen. Sie hatten ihre eigenen Speisegesetze, die es unmöglich machten, mit ihnen normalen Sozialverkehr zu haben, und sie heirateten nur innerhalb der eigenen Religion. In dieser Hinsicht, so Slezkine, seien die Juden nicht anders als die Merkurier anderer Völker, auch darin nicht, daß man vor ihnen gelegentlich Angst habe, sie aber auch verachte und verfolge.

Die Entstehung des »jüdischen Problems«

Ende des 18. Jahrhunderts begann in Europa die industrielle Revolution. In den Gesellschaften arbeiteten etwa achtzig Prozent der Bevölkerung in der Landwirtschaft, die Gesellschafts- und die Wirtschaftsstruktur der Länder änderte sich derart, daß einhundert Jahre später nur noch zwanzig Prozent in der Landwirtschaft tätig waren.[25] In der kapitalistischen Industriegesellschaft übernahm das Bürgertum die politische und wirtschaftliche Macht. Merkurische Funktionen, die über Jahrtausende marginal gewesen waren, erhielten plötzlich eine zentrale Bedeutung. Die immer komplexer werdende Wirtschaft benötigte merkurische Spezialisten etwa der Handels- und Finanzsphäre in großer Zahl. Und wer, so Slezkine, hätte diese merkurischen Positionen besser ausfüllen können als die Juden, die von jeher die Merkurier Europas gewesen waren? Die neue Unentbehrlichkeit der jüdischen Merkurier für den sich rasant entwickelnden Kapitalismus war ihm zufolge die Grundlage für die moderne Form des Judenhasses, den rassistischen Antisemitismus. Es war nun nicht mehr die Christustötung, sondern die jüdische kosmopolitische Beweglichkeit, die zugleich gefürchtet und beneidet wurde. Im Wahnbild der Antisemiten sah der Jude geschäftliche Möglichkeiten immer schon vor den anderen und verfügte im Gegensatz zu den Seßhaften immer schon über ein vermeintlich undurchsichtiges Netzwerk, das ihn vor allem auf internationaler Ebene stets in eine vorteilhafte Position brachte. Der deutsche Junker oder der habsburgische Adelige fühlten genauso wie der französische oder der italienische Bauer, daß ihre Existenz im neuen, bürgerlichen Zeitalter nicht mehr schicksalhaft von Gottes Wille oder dem Wandel der Jahreszeiten abhing, sondern von neuen, noch viel weniger gnädigen, geschweige denn durchschaubareren Mächten. Das stimmte natürlich, dennoch waren die Juden für diese neuen Entwicklungen nicht verantwortlich, ihr tatsächlicher (und oft genug auch nur herbeiphantasierter) Aufstieg wurde jedoch in der antisemitischen Projektion zum Sinnbild für den Umsturz der vor- oder frühbürgerlichen Gesellschaftsordnung.

Mit der industriellen Revolution begann auch der Aufstieg des Nationalstaates, der neben dem rein ökonomischen Neid auf die Juden weitere neue Ein- und Ausschlüsse für die Juden bereithielt.

Die innere Verbindung zwischen industrieller Revolution und dem Aufstieg des Nationalstaats hat Ernest Gellner in seiner Studie über Nationen und Nationalismus gezeigt.[26] In der modernen Gesellschaft wird symbolische oder kommunikative Kompetenz zum wichtigsten Machtmittel. Wer die Sprache beherrscht, beherrscht das Land, und somit ist die Frage nach der dominanten (Sprach-)Kultur brisant. Der Nationalismus nimmt dieses Moment auf und formt daraus das bestechend einfache Konzept der sprachlich vermittelten Kulturnation: Spanien den Spanischsprechenden, Frankreich den Frankophonen. Was aber, wenn in diesem Spanien auch ethnische Gruppen leben, die weder des Spanischen mächtig sind noch sich als Spanier verstehen? Dann muß man sie davon überzeugen, daß sie von jeher Spanier gewesen sind, auch wenn sie denken, sie seien Katalanen oder Basken. Dieser Vorgang wiederholt sich in jedem neuen, nicht nur im europäischen Projekt des *nation building* und betrifft auch die Juden, weil im Zuge der Vernationalstaatlichung Europas von ihnen verlangt wird, ein Bekenntnis für eine bestimmte Nation abzulegen und sich damit auch als Teil eines bestimmten Staatsvolkes zu begreifen. Wie Benedict Anderson gezeigt hat,[27] ist dieser Prozeß nicht bloß ideologisch motiviert, sondern hat seine eigene Gesetzmäßigkeit und Funktionalität. Der Nationalstaat benötigt eine einheitliche Kultur, die die Einheitlichkeit der Nation verdeutlicht, nicht nur zur eigenen Selbstlegitimation. Er ist auch auf eine einheitliche Sprache angewiesen, um den herrschaftlichen Zugriff auf die Individuen und die verschiedenen gesellschaftlichen Milieus zu ermöglichen und um den immer komplexeren Anforderungen an die staatliche Infrastruktur genügen zu können. Er benötigt Wissenschaftler und Ingenieure, die die Wirtschaft vorantreiben und sich, zum Wohle des Vaterlandes, in einer einheitlichen Sprache verständigen. Nach der Niederlage gegen das napoleonische Frankreich verstand etwa der preußische König diese neuen

Erfordernisse rasch, und Wilhelm von Humboldt entwikkelte das Konzept der modernen Universität, die das Bildungswesen in den deutschen Ländern revolutionierte.

Als für die Juden im Zuge der Französischen Revolution die Emanzipation begann, stürzten sie sich mit Leidenschaft in den kulturellen Raum, der sich ihnen eröffnete, und im Verlaufe des 19. Jahrhunderts wurden sie Teil der westlichen Kulturen. Slezkine dokumentiert die disproportional hohe Verteilung der Juden in den merkurischen Professionen in Deutschland und der habsburgischen Donaumonarchie, an den Universitäten, insbesondere in den Medizin- und Rechtswissenschaften, dem Finanzwesen und den Medien. Durchschnittlich besetzten die Juden zehnmal häufiger diese Positionen, als es ihrem Anteil an der Gesamtbevölkerung entsprach. Waren die jüdischen Merkurier bisher Parias gewesen, so spielten sie nun, kaum dem Ghetto entflohen, innerhalb kürzester Zeit eine zentrale Rolle in wichtigen gesellschaftlichen Bereichen. Dies ist der Hintergrund dessen, was im 19. Jahrhundert ominös das »jüdische Problem« genannt wurde. Für die Mehrheitsgesellschaften stellten sich drängende Fragen: Sollte man den Juden selbst im Falle der Bereitschaft zur Assimilation gleiche Rechte zugestehen? Konnte man sie überhaupt als vollwertige Bürger akzeptieren, auch wenn sie anders waren? Man fragte sich also, wie man dieser Gruppe Normalität verleihen könne; für die Seßhaften hatten diese jüdischen Netzwerkmenschen etwas Störendes, leicht Unheimliches und letztlich Inakzeptables an sich, insbesondere jetzt, da man ihnen mehr oder minder erlaubte, aktiv am öffentlichen Leben teilzunehmen. Es entstanden die Witze über die jüdischen Parvenüs, die an jeder Kulturveranstaltung teilnehmen und stolz darauf waren, daß ihresgleichen nun auch als Hauptdarsteller an den großen Theatern und als Solisten in den bedeutenden Orchestern reüssierten. Der Außenseiterstatus blieb also, wenn auch unter anderen Bedingungen als im Ghetto. Die Juden reagierten darauf ganz unterschiedlich. Viele von ihnen versuchten zu zeigen, daß sie genauso gute Deutsche, Franzosen oder Engländer waren wie die anderen. Aber das half oft nur wenig. Mit dem Aufstieg der Naturwissenschaften Ende des 19. Jahrhunderts erhielt die Charakterisierung der Juden als das Andere der Gesellschaft ein neues, rassistisch-biologistisches Fundament, keinesfalls nur in Deutschland.[28] Man vergißt heute allzuoft, wie weitverbreitet das Denken in rassischen Kategorien selbst in respektablen Kreisen damals gewesen ist. 1934 schrieb Sigmund Freuds ehemaliger Schüler Carl Gustav Jung, es sei ein »schwerer Fehler« der klinischen Psychologie gewesen, »jüdische Kategorien ... unbesehen auf den christlichen Germanen oder Slawen« angewandt zu haben. Die Freudschen Kategorien hätten die germanische Seele zu einem »Kehrichtkübel« degradiert. Dies werde nunmehr offensichtlich, da der schöpferische Urgrund der germanischen Seele im Nationalsozialismus gewaltig hervorbreche.[29]

Das Ressentiment der Mehrheitsgesellschaft bleibt nicht folgenlos für das jüdische Selbstverständnis. Sander Gilman zeigt, wie der jüdische Diskurs im 19. Jahrhundert viele der antisemitischen Stereotypen verinnerlicht: Das Wesen des Juden sei weiblich, nicht männlich, sondern parasitär und zudem nicht wirklich schöpferisch.[30] Am bekanntesten ist wohl in diesem Zusammenhang die Charakterisierung, die Otto Weininger in seinem 1903 erschienenen Buch *Geschlecht und Charakter* gegeben hat. Er unterscheidet zwischen dem männlichen und dem weiblichen Element im menschlichen Charakter. Ersteres sei logisch, rational, willensstark und schöpferisch. Letzeres emotional, irrational, willensschwach und passiv. Rassen seien durch das relative

Gewicht dieser Elemente definiert und die Juden seien besonders weiblich, deshalb ohne eigene schöpferische Kraft. Der junge Jude Otto Weininger, der nur im kulturellen und wissenschaftlichen Schaffen einen Wert für sein Leben sehen konnte, zog die Konsequenz: Er mietete sich im Sterbezimmer Beethovens in Wien ein und erschoß sich dort.

Die Psychodynamik der Todesverleugnung

Die Juden wurden so zur Personifikation der Schwierigkeit, die politischen und ethischen Ideale der Aufklärung in die Praxis umzusetzen, sowie für die Schwierigkeit der menschlichen Natur, nicht in sippenhaften Begriffen zu denken und zu fühlen. Wenn das »jüdische Problem« tatsächlich ein allgemeinmenschliches Problem reflektiert, muß es in einem universellen psychologischen Mechanismus gründen. Aus Sicht der Psychoanalyse existiert dieser Mechanismus wirklich, er wurde vom Freud-Schüler Otto Rank entdeckt und vom Anthropologen Ernest Becker systematisiert und besteht in der Todesverleugnung des Menschen.[31] Diese seien schlicht unfähig, so Becker, ihre Sterblichkeit wirklich zu akzeptieren. Jedes Individuum wehre sich gegen das Todesbewußtsein durch die Hinzuziehung von Weltanschauungen, die ihm individuelle oder symbolische Unsterblichkeit versprächen, und diese Weltanschauungen würden vor allem im Fall existentieller Bedrohung vehement verteidigt. Das Resultat sei die Verwerfung und Verfemung des Anderen, der bereits durch seine schlichte Existenz die eigene Weltanschauung bedrohe. In den achtziger Jahren begannen drei junge Sozialpsychologen in den Vereinigten Staaten, auf der Grundlage dieser Hypothese empirische Forschungen zu betreiben.[32] Tatsächlich beobachteten sie bei vielen ihrer

Versuchspersonen, daß diese nicht bereit oder fähig waren, ihre eigene Sterblichkeit umfassend zu akzeptieren, und daß sie ihre jeweilige Weltanschauung aktiv gegen ein mögliches Bewußtsein vom eigenen Tod einsetzten. Die jungen Sozialpsychologen sahen damit vor allem eines bestätigt: Die biologische Evolution hat im Menschen ein unmögliches Tier geschaffen. Obwohl wir diesem Bewußtsein auf der kognitiven Ebene nicht entfliehen können, sind wir auch nicht fähig, diese Tatsache existentiell wirklich zu akzeptieren. Dadurch aber wird die Verleugnung des Todes zu einer der wichtigsten Motivatoren unserer Spezies, wie Ernest Becker behauptet hat.

Die Todesverleugnung nimmt verschiedene Gestalten an. Die einfachste und eindeutigste ist, den Tod ganz einfach zu leugnen. Dies ist von jeher die Strategie der meisten Religionen gewesen, die im physischen Tod nur eine Episode sehen, in der die Seele vom Zustand der Verkörperung erlöst und in einen reineren Zustand überführt wird. Die totale Todesverleugnung ist auch einer der Gründe, warum die Religionen so phänomenal erfolgreich sind: mehr als fünfundachtzig Prozent der Menschheit gehören irgendwelchen Religionen an, und das religiöse Bedürfnis kann als universalanthropologische Konstante bezeichnet werden, die relativ hohe Anzahl von Atheisten in Westeuropa erscheint dabei lediglich als eine Anomalie. Alle Formen der Todesverleugnung, auch die der Religion, besitzen einen gemeinsamen Mechanismus der symbolischen Unsterblichkeit. Damit ist folgendes gemeint: Jeder Mensch benötigt das Gefühl, einem Bedeutungszusammenhang anzugehören, der seine eigene Existenz überragt. Dies kann eine Nation, ein Beruf, eine Kultur, ein Stamm oder eben eine Religion sein. Die natürlichste Form der symbolischen Unsterblichkeit aber ist die Familie. Indem die Menschen dieser angehören oder sie in irgendeiner Weise weiterführen, erleben sie diese als Extension ihres Selbst und haben somit das Gefühl, nach ihrem Ableben in dieser Welt etwas zurückzulassen.

Eine andere Form der symbolischen Unsterblichkeit ist ebenfalls von großer kultureller Bedeutung, es ist das heroische Streben nach einer Leistung, die nach dem Tod des Individuums nie vergessen werden wird. Der klassische Ausdruck dieses Strebens ist in Homers *Ilias* zu finden: Die Homerschen Helden sind alle darauf erpicht, Heldentaten zu vollbringen, die auf ewig besungen werden, und die *Ilias* selbst ist sozusagen der erfolgreiche Ausdruck dieses Strebens. Natürlich gibt es aber auch viele andere Formen der Suche nach unsterblichem Ruhm, angefangen etwa bei dem persönlichen Projekt, ein Kunstwerk zu hinterlassen (siehe wiederum Homer), das alle späteren Generationen bestaunen werden, über den politischen bis hin zum wissenschaftlichen Ruhm. All diese Formen der persönlichen heroischen Unsterblichkeit setzen aber die Zugehörigkeit zu einer Gruppe voraus, die das Individuum überleben wird, und zu einer Kultur, die die individuelle Leistung genügend schätzt und feiert, damit die Annahme des ewigen Gedenkens plausibel erscheint.[33]

Für unseren Kontext ist lediglich eine These Beckers wichtig, die durch die empirische Forschung der Existentialpsychologie einige Evidenz beanspruchen kann.[34] Der Schutz gegen das Todesbewußtsein ist immer auf einer Weltanschauung basiert, die dem Leben Sinn gibt, aber jede Weltanschauung ist insofern immer bedroht, als es alternative Weltanschauungen gibt. Ein Mensch, der seine Religion für wahr hält, etwa das Christentum, hat zumindest ein peripheres Bewußtsein davon, daß es alternative Weltanschauungen, Kulturen und Lebensformen gibt. Im Normalfall kommen Menschen mit dieser Tatsache dadurch zurecht, daß sie die relative Geltungskraft ihrer Weltanschauung einfach verdrängen. Nun gibt es allerdings Momente im Leben, in denen es schwierig ist, das Todesbewußtsein zu verleugnen. Dies ist vor allem dann der Fall, wenn wir mit dem Tod ganz real konfrontiert sind, durch den Tod uns nahestehender Menschen, durch Krankheit, Krieg oder auch durch Nachrichten, in denen wir die Verletzlichkeit und Zufälligkeit des Lebens erfahren. In diesen Momenten braucht die Psyche einen verstärkten Schutz, um weiter im Alltag funktionieren zu können und nicht in Angst zu erstarren. In solchen Situationen mobilisieren wir unsere jeweilige Weltanschauung in verstärkter Form, um uns die eigene symbolische Unsterblichkeit erneut anzueignen und damit zum Gefühl der Sicherheit und Sinnhaftigkeit zurückkehren zu können. Dabei ist es meist gleichgültig, ob es um individuelle oder kollektive Belange geht. Liegt ein Familienmitglied im Sterben, erlangt der religiöse Glaube für viele größere Bedeutung. Wird das Land bedroht, werden die meisten Menschen patriotischer. Unter diesen Bedingungen wird für uns die Existenz anderer Kulturen, Weltanschauungen und Lebensformen zur Bedrohung, und unsere Fähigkeit zur Toleranz vermindert sich radikal. Zahlreiche Experimente der Sozialpsychologie stützen diese Annahme. Hier nur ein Beispiel. Man setze eine von zwei Versuchsgruppen einem Stimulus aus, der das Todesbewußtsein steigert, etwa durch ein Video über tödliche Autounfälle oder eine Reportage über Krebskranke. Die andere Kontrollgruppe setze man einem neutralen Stimulus aus. Danach werden beide Gruppen mit Mitgliedern einer Außengruppe konfrontiert, die einer anderen Kultur, ethnischen Gruppe, einer anderen Religion oder Nation angehören. Sie werden dann darum gebeten, positiven oder negativen Behauptungen über diese Gruppe zuzustimmen oder diese abzulehnen. Die Resultate sind stets dieselben: die Gruppe, die mit einem Todesstimulus konfrontiert wurde, ist weniger tolerant und wendet mehr negative Stereotypen auf Außengruppen an. Dies funktioniert in allen Kombinationen: Weiße werten Schwarze ab, Christen Muslime, Hindus Buddhisten, Juden Araber und natürlich auch immer umgekehrt. Wie Becker seinerzeit zu Recht betonte, ist unser Bedürfnis nach Lebenssinn sowohl der Quell der höchsten menschlichen Leistungen als auch Antrieb alles menschlichen Bösen. Je mehr wir uns bedroht fühlen, desto mehr tendieren wir zur Dehumanisierung des Anderen, da dieser durch seine Existenz als Anderer unsere Weltanschauung bedroht, die uns vor dem Todesbewußtsein schützt.

Die Verwerfung des Anderen

Am einfachsten ist es wohl für die Menschen, wenn sie sich mit der Existenz alternativer Lebensformen überhaupt nicht auseinandersetzen müssen; wenn sie ihre Weltanschauung als konkurrenzlos erfahren. In unseren globalisierten komplexen Kulturen ist das Wissen um andere Kulturen allerdings unausweichlich geworden und somit auch die Frage, wie die eigene Lebensform und Weltanschauung sich zu diesen anderen stellt.[35] Jede Lebensform muß sich einen Raum schaffen, von dem sie das Fremde, vor allem das Fremde, das der eigenen Lebensform schaden könnte, fernhält. Die Frage ist natürlich: Was schadet der eigenen Lebensform? Was stellt für die eigene Kultur eine Bedrohung dar? Und wie kommt die eigene Weltanschauung mit den Konkurrenten der Sinngebung zurecht? Genau diese Immunisierungstendenz aller menschlichen Gruppen ist die psychohistorische Wurzel des sogenannten jüdischen Problems.

Kehren wir also noch einmal zur Ausgangsfrage zurück, was an den Juden seit dem späten 18. Jahrhundert für die europäischen Gesellschaften so enervierend gewesen ist. Slezkines These ist, daß alle Merkurier die Tendenz haben, sich von ihrer Umgebung abzuschließen. Von den Speisegesetzen bis zum Verbot, außerhalb der eigenen Gruppe zu heiraten, sind Merkurier sehr darauf erpicht, sich nicht in die Kultur der Gastländer zu fügen. Mit ihrer Lebensweise verdeutlichen sie den jeweiligen Mehrheitsgesellschaften mehr oder weniger offen, daß diese nicht einzigartig sind, und sie beharren mithin auf der Überlegenheit der eigenen minoritären Kultur. Solange das Selbstwertgefühl der vorherrschenden Kultur eines Gastlandes stabil ist, arrangiert diese sich mit den Merkuriern. Wird dieses aber aus irgendwelchen Gründen destabilisiert, stellt das Selbstgefühl der Merkurier und ihre Tendenz, die eigene Kultur und Lebensform beizubehalten, nicht mehr nur eine Irritation dar, sondern wird für die Kultur eines Gastlandes zur Bedrohung.

Die Juden sind in dieser Hinsicht im Lauf der Geschichte immer wieder besonders exponiert gewesen, vor allem in Europa. Man denke nur an die öffentliche Stimmung in Frankreich zu Zeiten der Dreyfus-Affäre oder an die antijüdische Hetze im krisengeprägten zaristischen Rußland, aber auch an den beispiellosen Aufstieg des Antisemitismus in der Weimarer Republik infolge der deutschen Niederlage im Ersten Weltkrieg.[36] Schon die biblische Geschichte kennt die Bedrohung durch antijüdische Stimmungen in den jeweiligen Gesellschaften, seien sie nun mythologischer oder realer Natur. Immer wieder wurde die Existenz der Juden in Frage gestellt, physisch, politisch oder kulturell. An Chanukka feiern die Juden zwar den erfolgreichen Aufstand der Makkabäer gegen die Seleuziden. Das Lied, das jedes jüdische Kind lernt, erzählt von den vielfachen Versuchen, die Juden auszurotten, zu knechten oder doch zumindest ihre Religion auszutilgen. An Pessach singen alle Juden den Text, daß die Feinde Israels das auserwählte Volk immer wieder vernichten wollten, Gott und die Thora sie aber gerettet hätten. Die jüdische Liturgie hat diese Vernichtungsgefahr zu einer ewigen Gegenwart gemacht, der allzuoft eine tatsächliche entsprach. Die Pogrome der Kreuzzüge, die Judenverfolgungen des Mittelalters, die spanische Inquisition, die Kosakenpogrome des 19. Jahrhunderts sind historische Realität. Der Höhepunkt dieser Geschichte aus Verfolgung und Tötung ist bekannt. Saul Friedländer hat in *Das Dritte Reich und die Juden* argumentiert,[37] daß der Nationalsozialismus den Antisemitismus als Erlösungsideologie betrieb. Bis die Alliierten den Deutschen in den Arm fielen, versuchten diese, mit den Juden zugleich alle seit der Aufklärung entstandenen Verwerfungen und Unübersichtlichkeiten aus der Welt zu schaffen. Das arische Reinheitsideal halluzinierte die Juden als lebensgefährdende Krankheit der Menschheit – eine Metapher, die auch heute noch im Umlauf ist und die der iranische Präsident Achmadinedschad immer wieder auf Israel anwendet, wenn er davon spricht, daß die »zionistische Entität« eine Infektion des Nahen Ostens sei. Die Tragik des Staates der Juden ist, daß er das »jüdische Problem« nicht gelöst, sondern nur auf die geographische Ebene verlagert hat. Heute ist Israel der Jude unter den Staaten, der einzige Staat, dessen Existenzberechtigung in Frage steht.

Israel, die verspätete Nation

Gegen Ende des 19. Jahrhunderts begannen immer mehr Juden zu denken, daß ihr anormaler Status nicht haltbar wäre und daß eine politische Lösung des jüdischen Problems gesucht werden müßte. Auch die Juden machten sich in dieser Zeit die Idee der nationalen Selbstbestimmung zu eigen. Diese sind, um einen Ausspruch von Helmut Plessner über die Deutschen zu verwenden, eine verspätete Nation.[38] Die Selbstdefinition der Juden als Nation begann erst in der zweiten Hälfte des 19. Jahrhunderts, und der politische Zionismus nahm erst zu Beginn des 20. Jahrhunderts Gestalt an. Hier war nun ein schwerwiegendes Problem zu überwinden. Wenn die Juden sich selbst durch die antisemitischen Bilder der europäischen Kultur sahen, war es ihnen unmöglich, sich selbst als autonom oder gar als stolzes Volk zu imaginieren. Entsprechend wurden innerhalb der zionistischen Bewegung Rufe nach einem neuen jüdischen Selbstverständnis laut. Der neue Jude, von dem der Zionismus sprach, sollte das genaue Gegenteil des antisemitischen Stereotyps sein: männlich, körperlich stark, kämpferisch und selbstbewußt. Die wichtigsten beiden Strömungen des Zionismus, die sozialistische und die revisionistische, bezogen sich positiv auf diese Vision vom neuen Juden. Sie waren orthopädisch orientiert.[39] Der Jude, so sagten sie, gehe seit über tausend Jahren gebückt; sein zu großer Kopf würde von seinem schwächlichen Körper nicht genügend gestützt. Es gelte daher, den Juden endlich den geraden Gang beizubringen. Der sozialistische Arbeiterzionismus vor und nach der Staatsgründung wollte dies durch die Verbindung zur Landwirtschaft erreichen und feierte den neuen jüdischen (Feld-)Arbeiter. Jabotinskys zionistischer Revisionismus wollte den Juden vor allem durch den Umgang mit Gewehren und durch militärisches Selbstbewußtsein aufrichten. So oder so, das Resultat sollte der »Muskeljude« sein, wie ihn sich Max Nordau herbeiwünschte.

Als 1948 der israelische Staat ausgerufen wurde, trat genau das ein, was die einen herbeigesehnt und die anderen befürchtet hatten. Israel konstituierte sich als Staatsnation, indem es die eigenen Landesgrenzen gegen die Armeen der arabischen Nachbarländer militärisch erfolgreich verteidigte. Israel gewann diesen Unabhängigkeits- und Staatsgründungskrieg, doch starb ein Hundertstel der jüdischen Einwohner, insgesamt sechstausend Menschen (auf die Vertreibung der Palästinenser werden wir später zu sprechen kommen). Aufgrund der drohenden Gefahr von außen war Israel von Anfang an ein totalmobilisiertes Land. Dies ist es in gewisser Weise bis heute geblieben. Alle Männer (außer den Ultraorthodoxen) verbringen die ersten drei Jahre ihres jungen Erwachsenenlebens in der Armee und danach mehrere Wochen pro Jahr im Reservedienst. Auch die Frauen bleiben nicht verschont, sie absolvieren in der Regel einen zweijährigen Militärdienst. Ein Staat, der seinen Bürgern soviel Opfer abverlangt, muß sein militärisches Ethos beständig pflegen. Die Statushierarchie der israelischen Gesellschaft ist jahrzehntelang weitgehend durch die Armee definiert gewesen. Je kampferprobter und berühmter die Einheit, in der ein Mann gedient hat, desto respektierter ist er (für die Frauen gilt dies nicht). Die Spitze der Pyramide bilden von jeher Kommandoeinheiten wie die berühmte Sajeret Matkal, eine Kampftruppe, die direkt dem Generalstabschef untersteht und von der man bis vor zwanzig Jahren offiziell überhaupt nicht sprechen durfte. Es ist kein Zufall, daß zwei Ministerpräsidenten, Ehud Barak und Benjamin Netanjahu in dieser Einheit gedient haben. In Israel wird der Begriff der sogenannten Feuertaufe ernst genommen: nur denjenigen, die Mut und Hingabe zum Land im Kampfeinsatz bewiesen haben, steht später der Weg zu gesellschaftlich verantwortungsträchtigen Posten offen. Gleich nach den Kommandoeinheiten kommen die Kampfpiloten, deren Sexappeal unwiderstehlich sein soll. »Er ist Kampfpilot« gilt als heiße Empfehlung, auf dem Heiratsmarkt wie im Geschäftsleben. Bis heute sind Politik und Wirtschaft des Landes übervoll mit Generälen im Ruhestand, dies nicht unbedingt zu Israels Vorteil, wie das Beispiel Ariel Scharons zeigt: ein hartgesottener General, der im Jom-Kippur-Krieg 1973 durch ein tollkühnes Manöver die Niederlage der ägyptischen Armee erreichte, was in der Folge zum Waffenstillstandsabkommen mit Ägypten führte. Als die zweite Intifada 2000 begann, wurde er ein halbes Jahr später zum Ministerpräsidenten gewählt. Er vermochte den Bürgern Israels in dieser Zeit ein starkes Sicherheitsgefühl zu geben, wenn dies auch nur eine Illusion war. Geschickt kombinierte er das Image des Kriegers (so auch der nicht allzu subtile Titel seiner im Jahr 2000 erschienenen Autobiographie) mit dem des liebevollen Hirten (ein Foto Scharons mit einem Lamm auf den Schultern schmückt eine 2005 erschienene Biographie[40]). Scharon trat damit ikonographisch die Nachfolge König Davids an, der ja auch ein Hirte war, der Goliath tötete und das erste jüdische Königreich etablierte. – Als ich im Wahlkampf 2003 im Strategieteam der Arbeitspartei mitarbeitete, die gegen Scharon antrat, mußte ich erfahren, daß selbst traditionell linksgerichtete Personen auf Kritik an Scharon allergisch reagierten. Er galt als der Beschützer, der die zweite Intifada, zu deren Anfang er beigetragen hatte, ganz sicher zu einem Ende führen würde.

Für den Außenstehenden mag schwer nachvollziehbar sein, wie tief das Kämpferethos in der israelischen Mentalität

verwurzelt ist. Der Tag vor dem israelischen Unabhängigkeitstag ist dem Andenken der 22 684 gefallenen Soldaten
(so die offizielle Zahl 2010) gewidmet. Um elf Uhr morgens heulen die Sirenen im ganzen Land für zwei Minuten
in voller Lautstärke. Das ganze Land kommt zum Stillstand.
Die Autos bleiben stehen, auch mitten auf der Autobahn,
und die Fahrer stehen stramm. Jeder Israeli soll wissen, daß,
wenn er sein Leben für das Land hingeben sollte, sein Opfer
für immer im Gedächtnis bleiben wird. Die Zahl der Gefallenen mag nicht so groß erscheinen. Allein im Vietnamkrieg
erlitten die Amerikaner Verluste von über fünfzigtausend
Soldaten. Aber in einem Land, das so klein ist wie Israel,
bedeutet diese Zahl, daß fast alle Familien Angehörige zu
beklagen haben. Die Mehrzahl dieser Verluste geht auf den
Unabhängigkeitskrieg 1948/1949, die Suezkrise 1956, den
Sechstagekrieg 1967 und den Jom-Kippur-Krieg 1973 zurück. Danach hat Israel keine konventionellen Kriege im
traditionellen Sinn mehr geführt. Die militärischen Auseinandersetzungen seitdem, fünf an der Zahl, sind das, was
man heute »asymmetrische Konflikte« nennt, die Oppo-
nenten sind nicht mehr offizielle Armeen, sondern Milizen
ohne staatliche Autorität wie die Hisbollah im Libanon und
die Hamas im Gazastreifen. Wenn es um die militärischen
Konflikte Israels geht, wird der Gegensatz zwischen Selbst-
und Außenwahrnehmung besonders deutlich. Wiederkeh-
rend schaut dann die Welt auf Israel und fällt ihr Urteil: »Ihr
seid doch seit fast vier Jahrzehnten nicht wirklich in Exi-
stenzgefahr. Euer Militarismus ist nicht gerechtfertigt, eure
Gewaltanwendung unverhältnismäßig.« Das israelische Bewußtsein jedoch ist weiterhin durch die Bedrohung der Existenz definiert, bis zum heutigen Tag. Das zionistische Ethos
des kämpferischen Juden hat versucht, dem etwas entgegen-
zusetzen. Doch unter der Oberfläche des »neuen Hebräers«

nagt der Zweifel, ob die erlangte Stärke nicht eine Illusion sei. Sind die Juden in ihrer Geschichte nicht doch immer wieder zur Machtlosigkeit verdammt gewesen?[41] Sind nicht alle jüdischen Staaten der letzten dreitausend Jahre doch immer wieder gefallen?[42]

Es würde an dieser Stelle zu weit gehen, sich in den Wirren der Tagespolitik zwischen antiisraelischer Polemik und den diplomatischen Versuchen des Landes, die Welt von der eigenen Gefährdung zu überzeugen, zurechtzufinden. Wichtig für unseren Zusammenhang ist nur, daß unabhängig davon, ob Israel nun wirklich im Fortbestand gefährdet ist, die Existenzbedrohung auch heute noch als etwas sehr Reales empfunden wird. Israelis würden dies nie gegenüber Außenstehenden einräumen, aber in Gesprächen untereinander wird immer wieder die Frage aufgeworfen, ob der Staat Israel in einigen Jahrzehnten noch existieren wird. Meine Landsleute lieben die Rhetorik der Ewigkeit, leben aber auch mit der Frage, ob ihr Staat nicht eine kurze historische Episode bleiben wird. Die Gründe sind mannigfaltig. Israel ist das einzige Land auf Erden, dessen Existenzberechtigung von anderen Staaten offiziell verneint wird; Achmadinedschad und seine Proxyagenten von der Hisbollah und der Hamas betonen immer wieder, daß die Zerstörung Israels ihr offizielles Ziel ist. Deshalb ist die Möglichkeit einer iranischen Atombombe für Israel so bedrohlich. Haben nicht iranische Minister gesagt, Israel könne mit einem Schlag de facto vernichtet werden, da der nukleare Gegenschlag ja »nur« ein Drittel der iranischen Bevölkerung auslöschen würde? Wie ernst solche apokalyptischen Verlautbarungen zu nehmen sind, weiß keiner genau, aber in Israel führen sie unweigerlich dazu, daß Politiker bekanntgeben, es werde keinen zweiten großangelegten Völkermord an den Juden geben und Israel lasse jegliche Option offen, um diesen zu verhindern. Übertrieben oder nicht – in solchen Situationen ist die Erinnerung an die Shoah einfach nicht aus dem israelischen Bewußtsein wegzubekommen. Viele Kritiker des Landes glauben, es handle sich dabei um eine zynische, manipulative Ausnutzung einer geschichtlichen Tragödie, doch das ist eine Fehleinschätzung.

Es ist bei alledem natürlich wenig hilfreich, daß Israel ausgerechnet auf demjenigen Flecken Erde ausgerufen wurde, der zugleich der vielleicht brisanteste Knotenpunkt der Religionsgeschichte ist, und daß der Nahe Osten dazu tendiert, in Jahrtausende umspannenden Narrativen zu denken und zu fühlen.[43] Saddam Hussein inszenierte sein Selbstbild ganz bewußt nach dem Modell von Salah ad Din, dem großen Führer, der vor acht Jahrhunderten die Kreuzzügler besiegte und der Jerusalem wieder ins islamische Reich integrierte. Die Sehnsucht nach dem Kalifat, das von Indien bis Andalusien ein riesiges Imperium umspannte, ist auch heute nicht aus dem islamischen Geschichtsbewußtsein verschwunden, und Israel ist dabei das Objekt, das in toto den Verlust der islamischen Macht versinnbildlicht.[44] Doch auch das jüdische Geschichtsbewußtsein ist von Mythen durchsetzt, die in die Jahrtausende zurückreichen. Die talmudische Geschichtsinterpretation spricht davon, daß der erste Tempel zerstört wurde, weil die Juden immer wieder dem Götzendienst verfielen, und der zweite, weil sich die Juden gegenseitig grundlos haßten. In der israelischen Presse lassen sich immer wieder Artikel finden, die von den Sünden sprechen, die zur Vernichtung des dritten Tempels, eine Metapher für das moderne Israel, führen würden.

Für viele Europäer ist all das schwer verständlich.[45] Zwar haben in Europa germanische Götter, gallische Helden und das klassische Rom noch in der ersten Hälfte des 20. Jahrhunderts eine enorme Rolle gespielt, machte Benito Mussolini die römischen Liktorenbündel, die *fasces*, zum Symbol seines neuen Staates und feierten die Nationalsozialisten Wagners Wiederbelebung der germanischen Mythologie. Dennoch hat Europa von den raunenden Geschichtsdeutungen genug, und auch von den Juden erwartet es daher, über die mythische Deutung alter Traumata hinwegzukommen und sich der Zukunft zuzuwenden.

Sonderfall Israel

Israel ist ein Spätankömmling im Prozeß der Nationen- und Staatenbildung, ein Anachronismus, da es viele Prozesse, die moderne Demokratien nach dem Zweiten Weltkrieg beendeten, noch durchzustehen hat. Diese Verspätung des jüdischen Nationalismus kann recht gut bestimmt werden. Nach dem Zweiten Weltkrieg begann Europa, aus dem Wahntraum des Nationalismus zu erwachen. Bedingt durch die politische Blockkonfrontation wäre ein militärischer Konflikt für ein Land nur noch um den Preis der Selbstvernichtung zu haben gewesen, doch die westlichen Länder waren auch kriegsmüde wie die östlichen und ächteten die militärische Auseinandersetzung als legitimes Mittel der Politik, wenn nicht in der Peripherie, so doch zumindest innerhalb der beiden Allianzen. Darüber hinaus trennten sich die ehemaligen Großmächte von ihren Kolonien, halb freiwillig, halb erzwungen. Die einst kolonialisierten Staaten erhoben immer lauter ihre Stimme und gelangten zu neuem Selbstbewußtsein, auch auf der internationalen Ebene, insbesondere im Rahmen der Vereinten Nationen. Eine der letzten Rassendiskriminierungen der westlichen Welt, die Segregation in den Vereinigten Staaten, kam in dieser Epoche zu ihrem Ende. Dies ist nun aber genau die Phase der Weltgeschichte, in der Israel 1967 seinen großen Expansionskrieg gewinnt. Israel reagierte auf die umgehend einsetzenden Vorwürfe und Entsolidarisierungen der Weltgemeinschaft mit großem Unverständnis, sah man sich doch der arabischen Vernichtungsdrohung ausgesetzt und hatte sich lediglich zur Wehr gesetzt, ein Vorgang, der sich 1973 wiederholte.

Eine bemerkenswerte Phasenverschiebung zwischen Europa und Israel war zu verzeichnen: Der Nationalismus, den Europa zu überwinden suchte, blühte in Israel auf, und war nun nicht mehr durch die ursprüngliche sozialistische Sehnsucht der frühen Zionisten nach universaler Gerechtigkeit gemildert. Die Palästinenser waren sozusagen eine Unannehmlichkeit, von der man hoffte, daß sie irgendwann von selbst verschwinden würde. Die frühere israelische Ministerpräsidentin Golda Meir war in dieser Zeit noch naiv genug zu meinen, ein palästinensisches Volk gebe es nicht. Allen Ernstes glaubte sie, ein solches Argument könne international akzeptabel sein. Wie der Historiker Avi Schlaim[46] gezeigt hat, stand sie in Israel damit nicht allein, vielmehr sind bis heute alle israelischen Regierungen von der Annahme geleitet gewesen, die arabische Welt sei nur durch überragende militärische Macht davon zu überzeugen, Israels Existenz zu akzeptieren.

Es ist diese Haltung, die Israel im Verlauf der Jahrzehnte immer enger an das Selbstbild des wehrhaften Juden gekettet hat. Alles, was an den »alten« Diaspora-Juden erinnerte – Diplomatie, kosmopolitisches Bewußtsein und intellektuell komplexe Denkformen –, wurde in der Politik, wenn auch nicht in der Kultur, als verweichlicht, verängstigt, verachtenswürdig und letztlich lebensgefährlich abgetan. Das Ideal des Universalismus ist den meisten Israelis suspekt. Ethik ohne Panzer und Luftwaffe, so dachten und denken viele, hat die Juden nur nach Auschwitz gebracht. Unter den ge-

gebenen Bedingungen des arabisch-israelischen Konfliktes scheint eine Entspannung dieses verbissenen Selbstbildes der Nation kaum wahrscheinlich, gerade weil die Bedrohungssituation nicht nur imaginiert, sondern höchst real ist. Die Folge ist, daß die im ersten Teil skizzierten tiefer liegenden Spannungen der israelischen Gesellschaft kaum zu einem sinnvollen Ausgleich kommen können. Darüber hinaus scheint es plausibel, daß die antiisraelische Stimmung im zusammenwachsenden Europa nicht zuletzt daher rührt, daß die europäischen Nationen an Israel vergeblich die gewalttätigen Grundlagen ihrer eigenen nationalen Gründungsgeschichten zu verdrängen suchen. All das mündet im gegenwärtigen Dilemma Israels: Es ist ein Staat, der dem Westen angehören will, aber sich nicht nach den Normen der postkolonialen, universalistischen Ethik der freien Welt verhält; eine Kultur, die arabische Elemente, ob sprachlich, kulinarisch oder musikalisch, nolens volens integriert hat, aber seine eigenen arabischen Bürger in einem zweitklassigen Status und die Palästinenser in den besetzten Gebieten politisch rechtlos beläßt.

Israel und das europäische Schuldgefühl

Der Sonderfall Israel ist wesentlich durch seine komplexe Verflechtung mit Europa definiert. Jahrhundertelang waren die Juden das Symbol für die mißlingende europäische Toleranz, und nach der Shoah geriet jeder Jude zur persongewordenen Anklage gegen die westliche Kultur, die den Völkermord hatte geschehen lassen. Nach 1945 schwieg Europa aus schlechtem Gewissen und sabotierte die Erinnerung an die Opfer. Primo Levi konnte kaum seinen autobiographischen Roman *Ist das ein Mensch?* veröffentlichen, und bis in die sechziger Jahre gab es kaum Interesse an diesem Buch.[47] Der jüdisch-österreichisch-amerikanische Soldat Raul Hilberg machte es zu seiner Lebensaufgabe, die Ausrottung der Juden zu dokumentieren, aber bis zur ersten Publikation seiner Studie *Die Vernichtung der europäischen Juden* im Jahre 1961 waren kaum historische Studien zum Thema zu finden.[48] In Deutschland zumal waren noch zu viele Menschen am Leben und wieder in Lohn und Brot, die die Vernichtung der Juden ins Werk gesetzt hatten. In vielen westeuropäischen Ländern hatten viele mit den Nazis kollaboriert, die katholische Kirche war im Nationalsozialismus nicht gerade als beherzte Schutzmacht der verfolgten Juden aufgetreten, und hinter dem Eisernen Vorhang wurde die Beihilfe vieler osteuropäischer Länder zur Endlösung soweit wie möglich verdrängt. Kurzum, die noch lebenden Juden waren das schlechte Gewissen Europas.

Sogar die israelische Öffentlichkeit hatte ein schlechtes Gewissen wegen der europäischen Juden, so unwahrscheinlich dies klingen mag. Wie Tom Segev,[49] Amos Oz[50] und David Grossman[51] wiederholt bemerkt haben, wollten auch in Israel die Menschen nichts von den Alpträumen der Überlebenden hören; Ben-Gurion hatte seinerzeit beschlossen, daß der kleine Jischuv keine Kapazitäten zur Rettung der Opfer bereitstellen könne. Der neue Jude, selbstbewußt, militaristisch und mutig, wollte nichts von den »alten« Juden wissen, die sich nicht gegen die Deportation gewehrt hatten.

All dies änderte sich erst, in Europa wie in Israel, als Adolf Eichmann 1961 in Jerusalem vor Gericht gestellt wurde. Der Prozeß, von Hannah Arendt kritisch dokumentiert,[52] wurde von Ben-Gurion zu einem Drama der Existenzlegitimation Israels stilisiert. Monatelang wurden die Details der Ausrottungsmaschine des Nazistaates durch Hunderte von Überlebenden bezeugt. Ben-Gurions Botschaft an die

Welt war klar: Dies dürfe nie wieder geschehen; und nur ein Staat, in dem die Juden über militärische Macht verfügten, konnte garantieren, daß die Shoah auf alle Zeiten der letzte Versuch gewesen sein würde, die Juden zu vernichten. So ist es denn seitdem zur Norm geworden, daß jeder Politiker, der Israel offiziell besucht, als erstes Yad Vashem, das Holocaust-Denkmal und -Museum auf dem Herzl-Berg in Jerusalem, aufsucht. Die Europäer jedoch schwiegen nach 1961 beharrlich weiter, war Israel in toto doch das Mahnmal für das Versagen der europäischen Kultur. Wirkliche Freunde hatte Israel nicht.

Im Sechstagekrieg 1967 stellten sich die Juden dann als menschlich-allzumenschlich heraus, und Europa, das nach dem Zweiten Weltkrieg ein großes Bedürfnis nach moralischer Rehabilitierung hatte, ergriff die Chance der moralischen Selbsterhöhung, die sich nach dem Sechstagekrieg bot. Israel erschien nach 1967 als Aggressor, die Araber hingegen, insbesondere die Palästinenser, als die Leidtragenden. Die nach 1948 in der westlichen europäischen Öffentlichkeit entstandene Sympathie für das israelische Projekt verschwand beinahe über Nacht. Eine manichäische Täter-Opfer-Logik brach sich Bahn und erlaubte es den europäischen Nationen, ihre frühere Mitschuld an der nationalsozialistischen Vernichtung der Juden zu relativieren. Wenn die Israelis sich genauso aggressiv oder imperialistisch verhielten wie andere Nationen auch, so die europäische Logik, war ihr Opferstatus in der Gegenwart nicht länger aufrechtzuerhalten. 1967 war daher der zentrale Wendepunkt im europäisch-israelischen Verhältnis. Bei den Briten immerhin erschien dieser Umschwung am unverdächtigsten, hatten sie im Zweiten Weltkrieg immerhin mit den Nazis in keiner Weise kollaboriert. Heute wird dort die Kritik an Israel am schärfsten formuliert, Großbritannien ist die führende

Kraft im Aufruf, Israel akademisch und kulturell zu boy-kottieren. Den Briten folgen die skandinavischen Länder, die sich in Hinblick auf eine schuldhafte Verstrickung im Nationalsozialismus nicht allzuviel vorzuwerfen haben, die Kritik am »Zionismus« wird in diesen Ländern fast ebenso scharf vorgebracht. Für die meisten westeuropäischen Län-der ist die Situation schwieriger, haben sie doch viele ihrer Juden im Zweiten Weltkrieg nicht vor dem Tod in den La-gern bewahrt, weswegen die Kritik dort etwas verhaltener vorgebracht wird, was aber nicht darüber hinwegtäuscht, daß die Einstellungen gegenüber Israel oftmals negativ sind. Die osteuropäischen Länder, die meist schuldhaft in die Geschichte der Shoah verstrickt sind, halten sich hingegen weitgehend zurück. Deutschlands Position schließlich ist bis heute am komplexesten. Eine proisraelische Position ist seit der Gründung der Bundesrepublik Teil der Staatsräson,[53] die auch die sogenannten Wiedergutmachungszahlungen an Israel motivierte. Trotz aufrichtiger Verständigungsversuche beider Seiten ist das Verhältnis bis heute schwierig geblie-ben. Meinungsumfragen zeigen, daß jenseits der offiziellen Freundschaftserklärungen viele Deutsche Israel kritisch bis ressentimentgeladen gegenüberstehen.

Israel als Haßobjekt der Linken

Ein Vorreiter dieser Entwicklung der Schuldrelativierung war paradoxerweise die europäische Linke. Diese unter-stützte seit 1967 im Rahmen der antiimperialistischen So-lidarität offensiv die palästinensische Freiheitsbewegung. Anfänglich eine politische Randerscheinung, gerieten die Palästinenser zuerst durch Terrorakte wie die Entführung und Ermordung von zwölf israelischen Sportlern während der Münchner Olympiade 1972 in die Schlagzeilen. Zumal im deutschen Kontext eignete sich keine andere Gruppe besser als ideales Gegengewicht zum schlechten Gewissen gegenüber den Juden. Kein Wunder, daß nicht nur in Deutschland das Palästinensertuch daher schnell zum liebsten Kleidungsstück der Linken avancierte. Skrupellos wurden die Palästinenser von der Linken zu den neuen Juden erklärt, während sich die Israelis plötzlich in der Rolle der aggressiven Faschisten wiederfanden, Jean Améry zufolge sprach man bereits 1969 in der Linken denunziatorisch vom »National-Zionismus«. Da war es nur konsequent, daß linke Aktivisten ausgerechnet am 9. November des gleichen Jahres einen Anschlag auf das jüdische Gemeindehaus in Berlin verübten, um die »deutsche Linke« endlich, wie der Sponti Dieter Kunzelmann es formulierte, »von ihrem Judenknacks zu befreien«.[54] Sechs Jahre später selektierten dann deutsche Terroristen der Revolutionären Zellen zusammen mit palästinensischen Genossen in einem gekidnappten Flugzeug die jüdischen Passagiere, weil sie in jedem von ihnen einen zionistischen Agenten sahen. Wenn auch einige Teile der deutschen und europäischen Linken das Vorgehen der Entführer heftig kritisierten, zum Zeitpunkt der »Entebbe«-Entführung hatten die Palästinenser den internationalen Opferwettbewerb bereits für sich entschieden, war Israel längst zum Sündenbock der Linken geworden.

Die Zeit, in der linke Gruppen in Europa Anschläge auf Juden und jüdische Einrichtungen ausführten, gehört wohl der Vergangenheit an. Viel vom alten Vorurteil ist dennoch geblieben. So geht Europas Linke gegenwärtig davon aus, daß insbesondere Israel einen wirklichen Frieden mit den Palästinensern nicht wünsche, obwohl der Dialog von beiden Konfliktparteien mit mehr oder weniger gutem Willen geführt werde und obwohl Israel die angeblich stärkere Konfliktpartei sei.

Mit dieser Schlußfolgerung war ich unzählige Male in Reaktionen auf meine Artikel im britischen *Guardian* konfrontiert. Dies ist insofern aufschlußreich, als ich keinesfalls die israelische Besatzungspolitik verteidige, sondern ein konsequenter Verfechter der Zweistaatenlösung bin und Israels politischen und militärischen Aktionen gegenüber äußerst kritisch eingestellt bin. Ich weigere mich aber, am Haßfestival gegen Israel teilzunehmen, und dies führt dazu, daß in vielen Reaktionen auf meine Artikel ein tiefsitzender Haß auf Israel zum Vorschein kommt, der mich immer wieder in seiner Intensität erstaunt und den zu erklären mir wichtig erscheint. Dies vor allem, weil ich nicht glaube, daß er einfach auf Antisemitismus zurückzuführen ist; es sind unter den Verfechtern der Boykottforderung gegen Israel speziell in Großbritannien auch viele Juden.[55] Wegen dieser ressentimentgeladenen Ausbrüche schließt der *Guardian* für Artikel zum Nahostkonflikt im Internet die Kommentarfunktion in der Regel am frühen Abend, da kein Moderator abends und nachts die Kommentare überprüft. Dies scheint notwendig zu sein, da regelmäßig über zehn Prozent der Postings gelöscht werden müssen, weil sie volksverhetzenden Charakter haben.

Auf etwas andere Weise wurde ich mit diesem Phänomen konfrontiert, als ich im Jahr 2008 im *Guardian* eine Diskussion zu Israels sechzigstem Unabhängigkeitstag mit zwei wichtigen jüdischen britischen Intellektuellen führte.[56] Der eine, Brian Klug, lehrt Philosophie in Oxford und ist eine der Hauptstimmen der *Independent Jewish Voices*, einer Organisation britischer Juden, die gegen die Tendenz des jüdischen Establishments protestieren, Israel unter allen Umständen zu unterstützen. Der andere, Steven Rose, lehrt

Biologie in London und ist zusammen mit seiner Frau Hilary Rose eine der tonangebenden Figuren der Initiative der Vereinigung britischer Dozenten zum Boykott israelischer Universitäten. Mit Klug war ein differenzierter Dialog möglich, wogegen Rose die Diskussion bereits mit einer subtilen Unterstellung eröffnete: Er lobte mich für meinen Mut als »israelischer Dissident«. Dies war absurd, und ich entgegnete ihm, daß der Titel »Dissident« für Menschen reserviert sein sollte, die in totalitären Regimes ihre Freiheit aufs Spiel setzten, um ihre Positionen zu verteidigen. In Anbetracht der Tatsache, daß ich meine Ansichten wöchentlich in Israels wichtigster Zeitung und anderen israelischen Medien veröffentliche, sei ich dieser Ehrung nicht würdig. Auch sei die Unterstellung, Israel sei ein repressives Regime, in dem keine Meinungs- und Pressefreiheit herrsche, ganz einfach eine Unwahrheit, dürfe doch nicht vergessen werden, daß in Israel selbstverständlich auch arabische Parlamentarier in der Knesset ihre Positionen öffentlich vertreten würden.

Roses Strategie, Israels Universitäten zu boykottieren, scheint mir in doppelter Weise absurd, denn diese zählen zu den Hochburgen linksliberaler Kritik. Petitionen gegen die israelische Besatzungspolitik werden regelmäßig von führenden Professoren unterzeichnet, und es ist schwer nachvollziehbar, was ein Boykott von Israels Universitäten erreichen sollte, da dieser auf die öffentliche Meinung, vor allem der tonangebenden rechtsgerichteten Wählerschaft, nicht den geringsten Einfluß hätte. Vor allem aber war schokkierend, daß Rose partout nicht bereit war, sich überhaupt nur auf den Sachverhalt einzulassen, daß Israels militärische Interventionen nicht aus Kriegslust erfolgten, sondern Antworten auf den systematischen Raketenbeschuß israelischer Städte durch terroristische Gruppen im Gazastreifen oder dem Libanon waren. Obwohl er Wissenschaftler ist, war es

unmöglich, von ihm eine Stellungnahme zu der gut beleg-
baren Tatsache zu erhalten, daß mehr als siebzig Prozent
der Israelis die Zweistaatenlösung zwar befürworteten,
diese aber nicht für machbar hielten. Er insistierte darauf,
die Besatzung einzig als Ausdruck von Israels aggressivem
Expansionswillen zu sehen. Er versteift sich seit Jahren darauf, Israel sei einfach ein Verbrecherstaat, der ähnlich wie
Südafrika durch einen internationalen wirtschaftlichen, kulturellen und akademischen Boykott in die Knie gezwungen
werden müsse.

Positionen wie diese sind typisch für die europäische Linke.
Angesehene Intellektuelle wie der prominente französische
Philosoph Alain Badiou sehen kein Problem darin, Israels Existenz ganz einfach für illegitim zu erklären.[57] Slavoj
Žižek nimmt etwas differenziertere Positionen ein und hat
Israel auch bereits mehrere Male besucht. Trotzdem wiederholt er in den letzten Jahren immer wieder, daß die Idee
eines jüdischen Staates selbst antisemitisch sei, weil sie die
Prämissen des Antisemitismus akzeptiere – und stellt damit
unterschwellig die Frage, ob der jüdische Staat überhaupt
fortbestehen sollte. Unter dem Vorwand komplexer Intel-
lektualität verbirgt sich in diesen Fällen ganz einfach die
Position, daß Israel sowohl überflüssig als auch illegitim
sei.

Um Mißverständnissen vorzubeugen: Es geht nicht darum,
Kritik an Israel in Abrede zu stellen. Israel kann und muß,
wie jeder Staat, kritisiert werden, und ich persönlich tue
dies konsequent. Es ist auch nicht zu bestreiten, daß Israel heute das einzige demokratische Land ist, das seit Jahrzehnten ein anderes Volk unterdrückt. Es geht vielmehr um
die Frage, warum Israel derart gehaßt wird. Länder, in denen
Menschenrechtsverletzungen ganz anderer Größenordnung
stattfinden, und deren gibt es von Rußland über China bis

zum Sudan und dem Iran viele, rufen zwar Kritik hervor, aber nicht diese aggressive Verachtung.

Israels konsequente Tendenz, fast alles falsch zu machen, was falsch gemacht werden kann, ist diesbezüglich allerdings sehr hilfreich. Es vergeht fast keine Woche, in der die internationale Presse nicht über eine Menschenrechtsverletzung oder gleich über einen manifesten Skandal wie die Überwältigung der Gaza-Flottille im Sommer 2010 berichten kann. So scheinen alle Seiten, Israel eingeschlossen, in einer stillen Übereinkunft dafür zu sorgen, daß das Drama des jüdischen Außenseitertums nicht zu einem Ende kommt.

Israel und der europäische Mainstream

Die vehemente Linke mit ihrer hyperbolischen antiisraelischen Rhetorik ist natürlich nicht mit dem europäischen Mainstream gleichzusetzen. Das offizielle Europa leidet eher unter einem vagen Unbehagen an Israel. Nach den Schreckensstürmen des 20. Jahrhunderts hoffte Europa ab 1989 auf ein wenig innere Ruhe und Einkehr. Alte utopische Hoffnungen wurden ad acta gelegt und im Zeichen nunmehr geordneter politischer Verhältnisse gegen das reale Projekt eines geeinten Kontinents eingetauscht, eine florierende wirtschaftliche Union zum Wohle möglichst aller inklusive.[58] Doch die Hoffnung auf ein krisenfreies, beschauliches Alteuropa hat in den letzten zwanzig Jahren einige Dämpfer erhalten. Wirtschaftskrisen, die Überalterung der Gesellschaften, der neue Terrorismus sowie die Furcht vor »dem« Islam haben das europäische Gemüt verdunkelt. In Zeiten wie diesen ist Israel für die Europäer wie eine unheimliche Erinnerung daran, daß die Menschen offenbar nur über kurze Zeiträume hinweg in der Lage sind, stabile politische und gesellschaftliche Verhältnisse hervorzubringen.

Daß es zudem keine hinreichende politische Haltung ist, zu möglichst allen auf der Welt möglichst nett zu sein, wenn man als Staatengemeinschaft überleben will, ahnten einige bereits im großen Hoffnungsjahr 1989, als Khomeini die Fatwa gegen den Schriftsteller Salman Rushdie aussprach. Wer die Vorboten der neuen Realität damals nicht begriffen hatte, bekam sie am 11. September 2001 in New York, am 11. März 2004 in Madrid, am 2. November 2004 in Amsterdam und am 7. Juli 2005 in London sowie dann als Folge der dänischen Mohammed-Cartoons überdeutlich vor Augen geführt: Keiner kann in Frieden leben, wenn sein Nachbar dies nicht will, sogar dann nicht, wenn dieser Nachbar wie im dänischen Fall überhaupt nicht in derselben geographischen Nachbarschaft lebt.[59] Wer weiter sich einreden wollte, daß man nur die Unterdrückung und Armut abschaffen müsse, um Frieden auf der Welt herzustellen, mußte die Augen schon sehr fest zudrücken, denn weder die Terroristen vom 11. September noch die vom 11. März oder die vom 7. Juli waren arm oder unterdrückt. Sie kamen alle aus dem Mittelstand, in England sogar aus dem gehobenen Mittelstand. Die meisten waren akademisch gebildet und hätten viele Möglichkeiten gehabt, ein gutes Leben zu führen.[60]

Der Rechtsruck in Europa ließ nicht lange auf sich warten. Sarkozy, der als Innenminister die wütenden Jugendlichen der Oktober-Unruhen im Jahre 2005 als *racaille* (Gesindel) beschimpfte und eine autoritäre Form der Politik befürwortete, wurde 2007 zum französischen Präsidenten gewählt. In den Niederlanden erhielten trotz einer jahrhundertealten liberalen Tradition Politiker wie Geert Wilders mit ihrer antiislamischen Rhetorik zur gleichen Zeit immer stärkeren

Zulauf. Die Islamfeindlichkeit rechtsgerichteter europäischer Politiker hat in der Folge dazu geführt, daß Teile der europäischen Rechten in Israel plötzlich wieder einen Verbündeten entdeckten. Leiden nicht auch die Israelis schon seit langem unter diesen Muslimen? Stehen wir nicht gemeinsam mit den Israelis im selben Überlebenskampf um unsere jüdisch-christliche Zivilisation gegen die islamischen Horden mit ihren Myriaden von Kindern?

Die enttäuschte Hoffnung auf den ewigen Frieden

An dieser Stelle ist ein Exkurs notwendig, der mit einer Frage ansetzt, die auf den ersten Blick von unserem Thema wegzuführen scheint. Sie lautet: Kann die Menschheit an einen Punkt gelangen, an dem Gewalt vermieden und Konflikte durch Dialog und Verhandlungen gelöst werden können? Nach dem Fall der Berliner Mauer und dem Zerfall der Sowjetunion erlebte der Kantische Traum vom Weltbürgertum und vom ewigen Frieden eine kurze Renaissance. Kant formuliert in seinem *Umriß der Weltgeschichte in weltbürgerlicher Absicht* die Hoffnung, daß der Mensch eines Tages fähig sein könnte, jeden Menschen als autonomes Subjekt und Zweck an sich zu sehen, und daß die Idee des Weltbürgertums in der Zukunft durch entsprechende Institutionen garantiert würde. Dies ist nicht weniger als der Versuch, eine Weltanschauung zu formulieren, die die Funktion der Sinnstiftung so erfüllt, daß sie den für alle Weltanschauungen eigentlich konstitutiven Ausschluß des Anderen aufhebt. Die Frage ist, ob der Mensch zu einer solchen Weltanschauung wirklich fähig ist, eine Frage, der in den letzten Jahren immer wieder von Philosophen und Politikwissenschaftlern nachgegangen worden ist. Es ist vielleicht nicht zufällig, daß zwei der größten Verfechter dieses universalistischen Ideals Menschen mit komplexen Identitäten sind, der indische Nobelpreisträger Amartya Sen und der an der Princeton University lehrende Philosoph Kwame Anthony Appiah, dessen Mutter britischer Herkunft und dessen Vater ein prominenter ghanaischer Politiker war. Wie ich anderweitig ausgeführt habe,[61] sind die psychologischen Anforderungen des Weltbürgertums sehr hoch, da kein Mensch ein abstraktes Universal ist. Wir alle haben eine Muttersprache, eine Kultur, in der wir aufgewachsen sind, Melodien, die unsere Kindheit geprägt haben, und Geschichten, die uns an eine bestimmte Gesellschaft oder doch zumindest an ein bestimmtes Milieu binden. Das Weltbürgertum verlangt die Fähigkeit, die Liebe zur eigenen Kultur mit der Einsicht zu verknüpfen, daß andere das Recht auf ihre eigene Identität haben und daß dieses Recht von uns verlangt, unserer eigenen Kultur keine Sonderrechte einzuräumen. Zu dieser mentalen Leistung aber sind wir nur unter ganz bestimmten Bedingungen fähig. Wir dürfen nicht in unserer Existenz bedroht sein, und unser Selbstbewußtsein muß stabil sein. Im Moment der Bedrohung tendieren wir dazu, uns sofort in die eigene Gruppe zurückzuziehen, und den Anderen auszuschließen, negativ zu stereotypisieren und zu verwerfen. Das Kantische Ideal des Weltbürgertums kann somit nur als regulatives Ideal fungieren, unsere evolutionär strukturierte Psyche läßt nicht zu, daß das Weltbürgertum ein konstanter Modus operandi unserer Gesellschaft sein kann. Wir sind, wie der Anthropologe Jared Diamond gezeigt hat, letztlich die Cousins der Schimpansen,[62] unfähig, jenseits von Ein- und Ausschlußmechanismen zu handeln und zu denken, und deshalb immer genozidfähige Tiere.

Die Schwierigkeit des universalistischen Unternehmens ist bereits an seinen Vätern zu sehen.[63] Die Toleranz desselben

Voltaire, der die englische Philosophie feierte, kam bei seinen Ansichten über die Juden, die er nicht ausstehen konnte, abrupt zu einem Ende. Die Vereinigten Staaten, der erste Staat, dessen Verfassung den Aufklärungsidealen verpflichtet ist, benötigte fast ein Jahrhundert, bis es die Monstrosität der Sklaverei hinter sich gebracht hatte, und ein weiteres, um die Diskriminierung der Afroamerikaner endgültig zu beenden. Die Geschichte des blutigsten Jahrhunderts der Menschheitsgeschichte, des zwanzigsten, hat zudem die meisten Menschen gegenüber dem Versprechen der Aufklärung skeptisch werden lassen. Das kommunistische Experiment mündete in Stalins Gulag im Bankrott, und der Zweite Weltkrieg untergrub die Idee, daß gebildete Menschen zur bestialischen Unmenschlichkeit nicht fähig seien. Trotzdem ist, bisher zumindest, das Aufklärungsideal einer gerechteren und rationaleren Welt nicht verschwunden.

Die Rückkehr der Geschichte

Hier geht es darum, zu fragen, was von Israel und dem Nahen Osten über den Kantischen Traum gelernt werden kann. Es scheint zunächst, als sei Israel als Epizentrum monotheistischer Religionsgeschichte nur ein nochmaliger Beweis dafür, daß die Vernunft keinesfalls das Entwicklungsprinzip der Geschichte sei. Aber auch Francis Fukuyamas im Anschluß an Hegel vorgebrachte These vom Ende der Geschichte hat sich bekanntlich nicht bewahrheitet. Das empirische Datum, das ihm als Basis diente, war die phänomenale Ausbreitung der liberalen Demokratie im 20. Jahrhundert.[64] Fukuyama idealisierte den Endzustand der Geschichte nicht. Der volle Originaltitel seines Buches lautet *The End of History and the Last Man* und verweist auf Nietzsches Prophezeiung, daß die bürgerliche Gesellschaft den antiheroischen »letzten Menschen« hervorbringen würde. Nur auf seine Sicherheit und seinen Komfort bedacht, würde dieser Mensch in eine stumpfe Durchschnittlichkeit zurücksinken. Fukuyma verstand seine eigene These nicht als Triumphschrei, eher als die resignierte Erkenntnis, daß das Ende der Geschichte zwar ein neues Gleichgewicht, aber keine Verwirklichung des Traumes wirklicher Humanität zur Folge hätte. Doch selbst die bescheidene Variante eines ewigen Friedens nur für die Bourgeoisie, die mit Auto, Airconditioning und billigen Flügen in den Süden zufriedengestellt ist, ist ausgeblieben.

Im Nahen Osten zumindest ist Nietzsches letzter Mensch noch lange nicht zur Herrschaft gelangt. Der Heroismus, dessen Untergang er voraussagte, macht in diesem Winkel der Erde weiterhin Überstunden. Die Führer der Hamas proklamieren immer wieder, daß Israel nicht überleben werde, weil dessen Bürger das Leben zu sehr liebten, während die Muslime weiterhin für ihre Ideale bereit seien zu sterben. Der Hedonismus von Tel Aviv sei dabei, Israels Stärke und Härte allmählich aufzulösen, und der Islam würde diese Auseinandersetzung irgendwann gewinnen. Die Israelis bleiben da wenig schuldig. Sie nehmen die Sprache der Hamas ernst und reagieren entsprechend. In der Operation »Gegossenes Blei« im Winter 2008/2009 versuchten sie der Hamas beizubringen, daß Israel in einem militärischen Schlagabtausch weiterhin haushoch überlegen sei. Drei Wochen nach Beginn der Kampagne lag Gaza in Schutt und Asche, auch wenn die Hamas in einer pseudoheroischen Geste bis zum letzten Tag Raketen gen Israel schoß, offenbar unempfindlich für den schrecklichen Preis, den die palästinensische Zivilbevölkerung dafür bezahlte. Das Spektakel der heroischen Glaubensgesten mutet eher pathetisch denn bewundernswert an, und es drängt sich sowohl die Frage auf, ob Nietzsches letzter Mensch dem Heroismus der großen Ideen nicht deutlich vorzuziehen ist, als auch, ob die Sehnsucht nach totalen Sinnsystemen überhaupt befriedet werden kann.

Der Nahe Osten ist heute der stärkste Beweis dafür, daß die Hoffnung auf den ewigen Frieden problematisch ist, nicht nur als Konzept als solches, das schwer zu verwirklichen scheint, sondern mehr noch in Hinblick auf die moralische Haltung derjenigen, die Kants Idee als eine Art Gesinnungsethik kultivieren, um Maß an der israelischen Politik zu nehmen. Dann nämlich erscheint die israelische Politik als eine einzige Beleidigung für den europäischen Traum vom ewigen Weltfrieden. Seitdem die Juden in die jüdisch-christliche Zivilisation eingemeindet wurden, sollen sie nun auch in jeder Hinsicht Vollmitglieder des Okzidents sein. Entsprechend, so wird stillschweigend vorausgesetzt, haben sie die Machbarkeit des Kantischen Traumes zu bestätigen und zu zeigen, daß der Mensch vernünftig sein könne.

Doch die meisten Israelis denken in Begriffen von Machtverhältnissen und halten die kantianischen Europäer für naiv. Die Europäer sprächen von Menschenrechten als Prinzip der globalen Politik, verstünden aber nicht, so die Israelis, daß die islamische Welt diesem Prinzip nur Lippenbekenntnisse zolle, um es manipulativ für machtpolitische Zwecke zu nutzen. So ist es denn kein Zufall, daß Israel in Amerika ziemlich populär ist, wohingegen es in Europa zunehmend als globales Problem betrachtet wird, dessen Nichtexistenz der Welt Ruhe bringen könnte. Der eschatologische Wunsch, es möge endlich der ewige Frieden eintreten, hat seine Gefahr, wenn dadurch das Gewaltpotential des extremistischen Islams unterschätzt wird und die Verantwortung für die Nichtmachbarkeit des Friedens ausgerechnet der einzigen Demokratie im Nahen Osten aufgebürdet und Israel zum Sündenbock gemacht wird.

Was in diesem psychopolitischen Chaos verlorengeht, ist die pragmatische Vernunft. Israel muß im Kreuzfeuer der Versuche, monolithische Weltbilder aufrechtzuerhalten, herhalten als Stellvertreter der einen oder anderen Seite der unterschiedlichsten Konflikte. Entweder erscheint das Land dann wahlweise als der Grund für den ausbleibenden Weltfrieden, oder es wird – neuerdings – zum Frontstaat im Kampf gegen die islamische Wiedereroberung Europas stilisiert. Damit soll nicht behauptet werden, die Probleme Europas mit seinen muslimischen Minoritäten seien einfach zu lösen, noch weniger, daß die Spannungen mit dem radikalen Islam nicht ernst zu nehmen seien. All diese Fragen werden aber weder durch ein möglichst einfühlsames weltweites Ressentiment-Management gelöst, wie es der Linken vorschwebt, noch durch das zynische Ausagieren der eigenen militärischen und zivilisatorischen Überlegenheit, wie es die Rechte betreibt – und schon gar nicht, indem Israel zum Schauplatz immer neuer Stellvertreterkonflikte erklärt wird.

Israel und die Menschenrechte

Die Anerkennungs- und Identitätspolitiken sowie der postkoloniale Diskurs haben dazu geführt, daß weltweit ein Konsens darüber besteht, die Welt könne und dürfe nie aus nur einem einzigen Narrativ heraus verstanden werden und ganz sicher nicht aus der Perspektive des Westens, der bis vor kurzem die Welt kolonialisiert hat. Die Politik der Anerkennung der Perspektive des Anderen ist zu einer Art Heilsversprechen für alle Konflikte stilisiert worden, und das

Vorbild dafür ist das »Truth and Conciliation Committee« Südafrikas. Dort wurde nach dem Ende des Apartheidregimes das scheinbar Unmögliche erreicht: Die einstigen Täter trafen auf die Opfer ihrer Greueltaten, und ein Dialog der Vergebung entstand. Selbst wenn man einen Großteil der Anerkennungspolitiken für unrealistisch hält, so ist dennoch auf den Nahen Osten angewandt klar, was geschehen muß. Die Israelis müssen endlich dahin gelangen, die palästinensische Perspektive zumindest als legitim neben der ihren zu akzeptieren. Der 1948 geführte Krieg mag für die Israelis der Unabhängigkeitskrieg sein, dies ist auch sein offizieller Name in Israel, aber für die Palästinenser ist er die »Nakba«, die Katastrophe, in der ein Teil des Volkes von Grund und Boden vertrieben wurde. Die These der universalistischen Menschenrechtsvertreter ist, daß nur ein Dialog zwischen diesen Perspektiven den Konflikt zu einem Ende führen könne, eine These, die auch der Autor immer wieder vertreten hat.[65] Nur wenn die Schmerzen beider Seiten anerkannt werden, kann dieser sinnlose Kampf beendet werden. Was in Südafrika und Nordirland funktioniert hat, muß auch im Nahen Osten versucht werden.

Andererseits steht Israel dem Menschenrechtsdiskurs aus verständlichen Gründen skeptisch gegenüber. 1975 verabschiedete die UNO-Generalversammlung die Resolution 3379, die den Zionismus als eine Form des Rassismus verurteilte. Im Jahre 2001 wurde die UN-Weltkonferenz gegen Rassismus im südafrikanischen Durban insbesondere von arabischen Staaten zu einem Tribunal gegen Israel umfunktioniert. Dies führte dazu, daß die Vereinigten Staaten, Deutschland, Italien, Australien und einige andere Länder zusammen mit Israel an der Fortsetzungskonferenz in Genf 2009 nicht mehr teilnahmen, da es allzu offensichtlich war, daß auch diese vor allem zur Agitation gegen Israel genutzt werden sollte, und

Irans Präsident Achmadinedschad nutzte den Anlaß dann auch für eine seiner antiisraelischen Tiraden.

Die Tragödie des Menschenrechtsdiskurses ist, daß er mit seinem einst erhabenen ethisch-politischen Zweck der Verteidigung der menschlichen Würde nicht mehr viel zu tun hat. Auch diejenigen, die wie ich Israels Siedlungs- und Besatzungspolitik gegenüber sehr kritisch eingestellt sind, kommen zu dem Schluß, daß die Sprache der Menschenrechte für die Dritte Welt und den Islamismus zum Werkzeug der moralischen Anklage derer verkommen ist, die auf diese Weise die Verantwortung für die eigene Rückständigkeit auf Israel projizieren. Israel ist zum Ziel Nummer eins dieser Zorn-Bankiers geworden, wie ein Blick in die Statistik der UNO-Resolutionen eindrücklich zeigt.[66] Dieser zufolge müßte man annehmen, daß Israel das einzig wesentliche Menschenrechtsproblem auf dem Globus ist, da sich ein Großteil aller bisherigen UNO-Resolutionen gegen Israel wendet. Das Resultat ist, daß die Mehrheit der israelischen Bevölkerung den Menschenrechtsdiskurs nicht ernst nehmen kann. Auch die Vorstellung, daß man den Anderen anerkennen müsse, wenn man mit ihm leben will, wird von den meisten Israelis mit Sarkasmus quittiert.

Ich möchte diese schwierige Gemengelage an den Äußerungen des israelischen Historikers Benny Morris verdeutlichen. 1948 in einem Kibbuz als Sohn britischer Eltern geboren, wuchs Morris in Jerusalem im Ethos der sozialistisch-zionistischen Pioniere auf. Er kämpfte im Sechstagekrieg als Fallschirmjäger und wurde 1969 am Suezkanal verwundet. Er promovierte in Cambridge im Fach Geschichte und wurde dann Korrespondent der *Jerusalem Post*, für die er im Libanonkrieg 1982 berichtete, an dem er aber auch als Reservist aktiv teilnahm. In den achtziger Jahren begann Morris israelische Staatsarchive zu erforschen.

Er erkannte, daß die offizielle israelische Geschichtsschreibung, daß die Palästinenser im Unabhängigkeitskrieg unter dem Eindruck der arabischen Propaganda, vor allem aber aus Angst die israelischen Gebiete verlassen hätten, nicht der Wahrheit entsprach. Er fand die Protokolle, in denen Ben-Gurion vom »Plan D« sprach. Dieser hatte zum Ziel, möglichst viele Palästinenser (»Araber« wurden sie damals noch genannt) vom Territorium Israels zu vertreiben, um eine jüdische Bevölkerungsmehrheit sicherzustellen. Er fand auch Beweise dafür, daß eine große Anzahl Massaker von der Hagana, dem Vorläufer der israelischen Streitkräfte, mit Billigung der Regierung ausgeführt wurden und nicht nur von der rechtsradikalen Irgun. 1988 veröffentlichte Morris sein bahnbrechendes Werk *Die Geburt des palästinensischen Flüchtlingsproblems*,[67] das allgemein als der Beginn der sogenannten postzionistischen Geschichtsschreibung Israels angesehen wird. Zu den »Neuen Historikern« gehören neben Morris Shlomo Sand, Avi Schlaim und Tom Segev. Im selben Jahr wurde der vierzigjährige Morris während der ersten Intifada zum Reservemilitärdienst mobilisiert. Er weigerte sich, in der Westbank zu dienen, und wurde mit drei Wochen Gefängnis bestraft. Benny Morris wurde dadurch zur wichtigen Figur eines neuen israelischen Verantwortungsbewußtseins, das bereit war, die historischen Tatsachen schonungslos offenzulegen und die palästinensische Perspektive anzuerkennen. Er schrieb in der folgenden Zeit Bücher, darunter *Righteous Victims. A History of the Zionist-Arab Conflict 1881-1999*, das eine der umfassendsten Darstellungen des israelisch-arabischen Konfliktes ist. Benny Morris war, kurzum, der ideale Vertreter des neuen Ethos der Anerkennung der Perspektive des Anderen.

Um so überraschender war dann der Sinneswandel dieser wichtigen öffentlichen Person, als das Scheitern der Friedensverhandlungen in Camp David im Jahr 2000 zur zweiten Intifada führte. Seit dieser Zeit vertritt Morris die Ansicht, die Palästinenser wollten die Zweistaatenlösung nicht. Sie würden sich mit nichts anderem zufriedengeben als mit dem gesamten historischen Palästina. Schockierender noch, daß Morris nun verkündete, Ben-Gurion habe einen Fehler gemacht, als er die Vertreibung der Palästinenser beendet habe. Unter gewissen Umständen müsse man zwischen ethnischer Säuberung und dem Genozid des eigenen Volkes wählen und dann sei die ethnische Säuberung vorzuziehen. Er sei sich dessen bewußt, daß es nicht politisch korrekt sei, dies im Zeitalter des postkolonialen Menschenrechtsdiskurses zu sagen, aber das seien die Tatsachen.[68]

Benny Morris ist kein Politiker, und seine Ansichten sind in Israel nur in der akademischen Welt wirklich einflußreich. Und doch ist sein radikaler Positionswechsel als Symptom der sich verändernden Stimmung in Israel aufschlußreich. Benny Morris hat seine historische Analyse der Geschehnisse im Unabhängigkeitskrieg nicht revidiert. Sein Buch von 2008 mit dem Titel *1948*[69] stellt die Ereignisse des Krieges weitaus detaillierter dar als *Die Geburt des palästinensischen Flüchtlingsproblems*. Morris hat dem einfachen Weg widerstanden, die Historie zu verfälschen, um sie seinen politischen Ansichten dienstbar zu machen, und kompromittiert seine Integrität als Historiker bis zum heutigen Tag nicht. Morris' Wandel zeigt vielmehr, wie weitgehend die zweite Intifada die israelische Psyche verändert hat. Morris ist nicht der typische Normalbürger, er hat in seinem Leben große Zivilcourage bewiesen. In den achtziger Jahren war die Verweigerung des Militärdienstes aus Gewissensgründen in Israel eine Seltenheit, und Morris war bereit, den Preis dafür zu bezahlen. Die Kombination aus Verweigerung und seinem revolutionären ersten Buch hätten ihn auch beinahe die akademische Karriere gekostet, denn er brachte die Tabus der israelischen Psyche zur Sprache. Sein Sinneswandel ist dementsprechend sicher nicht durch Mangel an Mut zu erklären oder durch das Bedürfnis, in der Öffentlichkeit Popularität zu erheischen. Morris ist darüber hinaus weder zur ideologischen Rechten zu zählen, noch hat er sich der neokonservativen Ideologie Netanjahus angeschlossen; in Interviews hat er immer wieder betont, daß er grundsätzlich weiter für die Zweistaatenlösung eintrete. Morris kann zudem mit Sicherheit nicht beschuldigt werden, er verstehe den Menschenrechtsdiskurs nicht. Vielmehr würde er einwenden, daß es nicht ein arabisches Regime gebe, das auch nur die grundlegenden Menschenrechte respektiere. Er glaubt ganz einfach, daß die arabische Welt diesen Diskurs nur zynisch benutzt, um eine weitere Schwächung Israels auf diplomatischer Ebene herbeizuführen und das Land zu zwingen, sich auf die Grenzen von 1967 zurückzuziehen; nicht allerdings um in Frieden mit Israel zu leben, sondern um die Juden irgendwann doch noch ins Meer zu treiben. Morris ist mit seinem Pessimismus nicht allein. Das zeigt sich daran, daß im Land nur die wenigsten positiv auf die »Jasmin-Revolution« in Tunesien, Ägypten und Libyen seit dem Frühjahr 2011 reagiert haben. Der frühere Verteidigungsminister und führende Likud-Politiker Mosche Arens ist so weit gegangen zu behaupten, Israel könne nur mit Diktatoren kooperieren, da die arabischen Völker keinesfalls Frieden mit Israel wünschten.

Wie auch immer man zu den Thesen von Benny Morris steht, sie werfen doch die brisante Frage auf, die heute in Europa von vielen nur hinter vorgehaltener Hand gestellt wird: War es ein Fehler, mitten im Nahen Osten einen jüdischen Staat zu gründen? Wenn Morris recht hat, dann wird der Nahostkonflikt in absehbarer Zukunft nicht lösbar sein, und Israel wird nur dank militärischer Stärke überleben. Auch wenn die Verantwortung für diese Situation nur teilweise bei Israel liegt, ist die Frage, ob »Israel ein Fehler« war, für viele Juden eine äußerst drängende.

Operation Shylock: War Israel ein Fehler?

In den vierziger Jahren des 20. Jahrhunderts vertraten deutsch-jüdische Intellektuelle wie Martin Buber und Hannah Arendt die These, es wäre eine schreckliche Verfehlung, in Palästina einen jüdischen Staat zu gründen. Es wäre ein Staat, der in Sünde geboren sei (Buber) und verdammt dazu, zu einem Kriegerstaat zu werden, der nur durch das Schwert am Leben erhalten werden könne (Arendt). Hat die Geschichte Buber und Arendt recht gegeben? Ist die Grundstruktur des jüdischen Staates so konzipiert, daß das ethnokratische Element aus ihm nicht wegzudenken ist und immer aufs neue gewalttätige Verwerfungen produziert? Hatte Arendt recht, als sie befürchtete, daß der jüdische Staat ein kulturloses Sparta werden würde, und ist die Vertreibung der Palästinenser 1948 tatsächlich zur Erbsünde geworden, die Israel auf ewig verdammt?[70] Die Buber-Arendt-These ist insofern problematisch, als sie nicht in Betracht zieht, daß fast alle modernen Staaten eine dunkle, oft verdrängte Vergangenheit haben. Fast alles, was Israel vorgeworfen wird, ist in der Geschichte eines jeden modernen Staates zu finden, wie wir oben gesehen haben: die Unterdrückung ethnischer Minoritäten, der Zwang, in der Sprache der herrschenden Kultur zu sprechen, sowie die Erfindung eines Nationalmythos, der die Geschichte, besonders die Geschichte der Verlierer, verzerrt und manchmal unterdrückt.[71] Die Unterdrückung der Iren, Basken, Katalanen, die graduelle Ausrottung der indigenen Bevölkerung in den Vereinigten Staaten, der Völkermord an den Armeniern: all dies sind schreckliche Menschheitsverbrechen, die die Vertreibung der Palästinenser in ihrer Brutalität übertreffen. Dies wird nicht behauptet, um die Geschichte Israels zu beschönigen.

Das Problem ist vielmehr in dem bereits erwähnten Phasen-
unterschied zwischen der jüdischen und der europäischen
Geschichte zu suchen.

Und doch kann die scheinbare Unlösbarkeit des Nahostkonfliktes zu der Frage führen, ob das Projekt der israelischen Staatsgründung insofern ein grundlegender Fehler
war, als es kaum denkbar scheint, daß dieser Staat je in Frieden wird leben können (wie im Gegensatz dazu, rückblik-
kend, die europäischen Staaten). Es ist wichtig, diese Frage
nicht im Rahmen des tagespolitischen Beschuldigungsspiels
zu formulieren, sondern soweit wie möglich als kühl analy-
tische Frage. Genau dies hat der Schriftsteller Philip Roth in
seinem 1993 veröffentlichten Roman *Operation Shylock*,[72]
versteckt hinter Slapstick-Humor und kafkaesker Absurdi-
tät, getan. Der fiktive Erzähler der Geschichte heißt Philip
Roth; eines Morgens liest er in der Presse, daß ein Doppelgänger, der sich seines Namens bedient, in Israel für die
»Operation Shylock« wirbt. Die europäischen Juden sollten
nun doch wieder in ihre Herkunftsländer zurückgeschickt
werden, da dies den Konflikt im Nahen Osten beenden würde. Dem Doppelgänger von Philip Roth (den er Pipik nennt,
das jiddische Wort für Bauchnabel) geht es vor allem darum, den Juden wieder zu ihrer Luftexistenz zu verhelfen. Er
glaubt nicht an den neuen Juden, der in Israel entstanden
ist – militaristisch, humorlos, ständig an den Holocaust den-
kend – und für den der israelische Staat ein messianisches
Projekt ist.

Die Erlebnisse des fiktiven Philip Roth beim Versuch, seine
Reputation wiederherzustellen, zeigen jedoch die Gründe
Pipiks auf, die Juden wieder in die Diaspora zu schicken.
Er trifft fanatische Siedler, er spricht mit einem humorlosen
Mossad-Agenten, der ihm ständig erklärt, warum Israel in
Gefahr ist, warum es sich mit Gewalt verteidigen muß und

warum die Juden nie wieder einer Situation der Wehrlosigkeit ausgesetzt sein dürften.

Der Leser kommt natürlich nicht umhin, sich die Frage zu stellen, ob der Autor Philip Roth durch seinen doppelten Doppelgänger nicht eigentlich das Projekt Shylock billigt: als Romanschriftsteller hat er die Möglichkeit, dies durch seine brillante Erzähltechnik und den skurrilen Humor im Uneindeutigen zu belassen. Nun hat aber derselbe Philip Roth elf Jahre später, im Jahre 2004, als George W. Bush Präsident der Vereinigten Staaten war, ein anderes Buch mit dem Titel *Verschwörung gegen Amerika* veröffentlicht.[73] Die Grundidee des Buches ist einfach. Was wäre geschehen, wenn der Fliegerheld Charles Lindbergh, der stark mit den Nazis sympathisierte, 1941 die amerikanischen Wahlen gewonnen hätte? Die Geschichte wird aus der Perspektive einer einfachen jüdischen Familie aus Newark (Roth' Geburts- und Kindheitsstadt) erzählt. Der Vater ist begeisterter Amerikaner, der seine Kinder im Geiste des Freiheitsdenkens seiner Landsleute erzogen hat. Langsam, aber sicher werden nach der Wahl Lindberghs die Rechte der Juden eingeschränkt. Roth stellt somit unerbittlich die Frage, ob nicht auch die Sicherheit der amerikanischen Juden, die das wahre jüdische Paradies gefunden zu haben glauben, eine Fiktion ist. Könnte es nicht sein, daß die Diaspora in der Gegenwart nur zum Schein ein sichererer Ort ist als der gefährdete Staat Israel?

Das Spannungsfeld zwischen *Operation Shylock* und *Verschwörung gegen Amerika* definiert die jüdische Existenz zu Beginn des 21. Jahrhunderts. Der Pol von *Operation Shylock* kann heute von niemandem besetzt werden, ohne als Antizionist, als Antisemit oder als »sich selbst hassender« Jude angegriffen zu werden, wie der vor kurzem verstorbene britisch-amerikanisch-jüdische Historiker Tony Judt es am eigenen Leibe erfahren mußte. Judt schrieb im Jahre 2003, gegen Ende der zweiten Intifada, als Ariel Scharon als Ministerpräsident wiedergewählt worden war, einen Artikel in der *New York Review of Books* unter dem Titel »Israel: die Alternative«.[74] Die Grundthese des Artikels war, daß Israel ein Anachronismus sei; die Zweistaatenlösung des Nahostkonfliktes sei durch die wachsende Zahl jüdischer Siedlungen in der Westbank fast schon unmöglich geworden und es sei nunmehr an der Zeit, eine Einstaatenlösung in Betracht zu ziehen, wie sie auch von vielen palästinensischen Intellektuellen seit Edward W. Said gefordert werde. Damit nahm Judt an, daß die Palästinenser im großen Israel-Palästina schon beinahe Bevölkerungsparität hätten und angesichts der jetzigen demographischen Trends bald die Mehrheit stellen würden und folglich in diesem Staat der Traum der jüdischen Souveränität an sein Ende gelangen würde. Judt argumentierte dann weiter, daß Israel sich in eine Ethnokratie umgewandelt habe und daß es in der postkolonialen Epoche dafür keinen Platz mehr gebe. Er wies auch auf das Paradox hin, daß Israel heute der einzige Ort sei, an dem sich die Juden in physischer Gefahr befänden. Er beklagte zudem Israels politische Unreife und dessen Tendenz, die universalistischen Werte zu verraten.

Tony Judt stellte diese Frage als universalistischer Jude, der in seiner Jugend begeisterter Zionist war und 1967, als der Krieg ausbrach, sofort nach Israel flog, um als Freiwilliger in einem Kibbuz zu arbeiten. In seiner späteren Enttäuschung glich er einem Liebhaber, der herausfindet, daß das Objekt seines Begehrens in Wirklichkeit anders ist als in der Sehnsuchtsphantasie. Wie konnte Israel von einem Land, das nach sozialer Gerechtigkeit strebte, zu einem Besatzerstaat werden, der die Menschenrechte der Palästinenser mit Füßen tritt und der mit roher Gewalt immer wieder den Konflikt mit der arabischen Welt militärisch zu lösen versucht? Judt gab mit seinem Artikel der Bestürzung vieler Juden, vor allem in Europa und Amerika, aber auch in Israel Ausdruck, als er offen die Frage stellte, was denn aus dem zionistischen Traum von einst geworden sei. Wie konnte es sein, daß der Staat der Juden so anders geworden war, als Theodor Herzl es sich in dem zionistischen Utopieroman *Altneuland* vorgestellt hatte? Wohin war die jüdische Ethik, die Weltoffenheit entschwunden?

Einer der wichtigsten amerikanisch-jüdischen Schriftsteller der jüngeren Generation, Michael Chabon, hat dieselbe Frage in seinem faszinierenden Thriller *Die Vereinigung jiddischer Polizisten* behandelt, die zugleich verdeutlicht, daß auch der andere Pol des Spannungsverhältnisses ein unmöglicher ist.[75] Der Ausgangspunkt des Romans ist, daß Israel den Krieg von 1948 verloren hat und deshalb vom Erdboden verschwunden ist. Die Welt steht vor der Frage, was mit Millionen jüdischer Flüchtlinge geschehen soll. Die Amerikaner bieten den Juden als Notlösung ein Gebiet in Alaska namens Sitka für sechzig Jahre zur Pacht an. Der Roman beginnt mit einem Mord, den der Detektiv Meyer Landsman aufzuklären versucht, ein Jahr bevor die Sitka-Pacht ausläuft. Er findet heraus, daß eine chassidische Sekte seit Jahren plant, Jerusalem mit amerikanischer Hilfe zurückzuerobern, um den dritten Tempel wiederaufzubauen. Da die messianische Sekte in apokalyptischen Begriffen denkt, sprengen ihre Anhänger gegen Ende des Romans die Moscheen auf dem Tempelberg in die Luft, im vollen Bewußtsein, daß dies einen Weltkrieg auslösen wird. Chabons unausgesprochene These ist, daß der apokalyptische Messianismus eine unausrottbare Gefahr ist. Nicht nur gefährdet er in unserer Gegenwart den Frieden durch einen möglichen Weltkrieg, der von religiösen Eiferern ausgelöst werden könnte; selbst noch in Chabons fiktiver Welt, in welcher der Staat Israel zerstört wurde, stürzt der Messianismus die Welt in ein schreckliches Blutbad.

Die Frage, ob Israel ein Fehler war, mobilisiert in Israel tiefsitzende Ängste. Die Politiker vor allem auf der Rechten, aber auch im Zentrum, deuten immer wieder darauf hin, daß Israels Existenzrecht in Frage gestellt wird. Juden wie Tony Judt werden oft als Nestbeschmutzer diffamiert. Gerade Leute wie er seien es, die den internationalen Angriffen auf Israel höhere Weihen verschafften. Viele israelische Bürger kommen außerdem zu dem Schluß, daß, was Israel auch immer tue, seine Existenz von der Welt nie wirklich akzeptiert werden würde und daß es entsprechend für sein Überleben nur auf sich selbst gestellt sei.

Enttäuschte Universalisten

Israel wurde im Spannungsfeld zwischen universalistischen Aufklärungsidealen und den Bedürfnissen des jüdischnationalen Befreiungskampfes geboren. Seit 1967 scheint die israelische Geschichte als bestimmendes Moment nur noch das des bornierten nationalen Interesses zu kennen. Dies ist, was sich in den politischen Schlagzeilen der Welt widerspiegelt, denn über Israel wird vor allem mit Blick auf den Israel-Palästina-Konflikt gesprochen, gesendet und geschrieben. Interessanterweise entwickelte sich die israelische Kultur ab 1967 in eine gänzlich andere Richtung, hin zu einer kosmopolitischen Offenheit. Die israelische Rechte beklagt schon seit Jahrzehnten, daß sowohl die Universitäten als auch der gesamte Kulturbereich von Linksliberalen bestimmt werde, und sie haben damit nicht ganz unrecht. Die führenden israelischen Schriftsteller, die auch außerhalb Israels bekannt sind, sprechen sich konsequent gegen die israelische Siedlungs- und Besatzungspolitik aus. Ob es nun A.B. Jehoschua, Amos Oz, David Grossman oder Alona Kimchi sei: Sie alle sind nach wie vor auf den schlecht besuchten Demonstrationen der Linken zu finden. Dasselbe gilt für die führenden klassischen Musiker, Popsänger und Schauspieler. Die Universitäten waren seit eh und je Hochburgen liberaler Weltanschauung, und in den letzten Jahren wurden immer wieder Versuche unternommen, die Universitäten zu zwingen, Professoren, die von rechtsorientierten Websites als »antiisraelisch« oder »antizionistisch« charakterisiert wurden, zu entlassen; Versuche, die bisher gescheitert sind.

Wenn auch der kulturelle Mainstream immer noch liberal orientiert ist, so ist er doch seit 1977, als Menachem Begins rechtsgerichtete Likud-Partei erstmals die Wahlen gewann, politisch auf dem Rückzug, insbesondere jedoch seit dem Jahre 2000. Das Gefühl der jüdischen Universalisten ist, daß Israel ihnen mehr und mehr entgleitet und zu einem Land wird, mit dem sie sich immer weniger identifizieren können. Ein gutes Beispiel dafür ist Amos Elon, der Verfasser von *In einer anderen Zeit*, der großen Dokumentation über die deutsch-jüdische Symbiose. Jahrzehntelang war der 1926 in Wien geborene und 1933 nach Palästina emigrierte Elon einer der prominentesten Journalisten und Schriftsteller Israels. Mit phänomenaler Beobachtungsgabe hatte er Israel immer wieder aus einer liberalen Perspektive brillant porträtiert und kritisiert. In den neunziger Jahren aber kaufte er ein Haus in der Toskana und kehrte Israel kurz darauf den Rücken.

In einem Interview mit dem *Haaretz*-Journalisten Ari Schavit, das er im Jahre 2004 gab,[76] erklärte der damals achtundsiebzigjährige Elon, warum er nicht mehr in Israel lebe.

Er hasse Israel nicht, sei aber enttäuscht. Es sei ein »quasi-faschistisches, teilweise religiöses Land mit engem Horizont« geworden. Der immer größere Einfluß der Religion auf die Politik und der militärische Machthunger der Rechten hätten Israel auf den Holzweg geführt. An einer Stelle des Interviews läßt er seiner Wut freien Lauf: »Ich zerbreche mir noch immer den Kopf und frage mich, was diese Leute denn nach dem Sechstagekrieg dachten? Wie glaubten sie, daß sie sie [die besetzten Gebiete] halten könnten? Was dachte [Mosche] Dajan? Daß wenn wir sie [die Palästinenser] nur nett behandeln würden, alles in Ordnung sein werde? Was für eine Provinzialität! Was für eine historische Ignoranz! [...] Dies ist das furchtbarste Kolonialregime der Moderne!« Elon spricht von 1967 als dem Sündenfall Israels und davon, daß der Zionismus, nachdem er sein Ziel erreicht hatte, kraftlos geworden sei. Für Elon bestand Israels historische Katastrophe darin, daß die Mentalität des Nahen Ostens in Israel die europäische besiegt habe. Statt eines zweiten Wiens sei Jerusalem ein zweites Istanbul geworden. Die Umgebung habe sich als stärker erwiesen als die liberal-europäische Kultur, die Elon liebte.

Elon ist keinesfalls eine Ausnahme. Vom verstorbenen Außenminister südafrikanischer Herkunft Abba Eban über den Architekten des Oslo-Abkommens Jossi Beilin, vom ersten Rektor der Hebräischen Universität und Freund Kafkas Schmuel Hugo Bergman bis zum gefeierten Schriftsteller Amos Oz und vom Pianisten Daniel Barenboim zu dem zurückgetretenen Starpolitiker Avraham Burg gibt es sehr viele Israelis, die sich Israel als einen den europäischen Werten verpflichteten Staat wünschen.

Burg ist ein besonders aufschlußreiches Beispiel. Er ist der Sohn des Dresdner Juristen Josef Burg, der fünfunddreißig Jahre lang Minister in israelischen Regierungen war. Josef

Burg, der sowohl fließend Jiddisch als auch Deutsch sprach, war eine wichtige Figur innerhalb der deutsch-jüdischen Bewegung Thora im Derech Eretz. Diese entstand in Deutschland im 19. Jahrhundert. Ihr Ziel war es, zu zeigen, daß jüdische Religiosität und westliches Aufklärungsdenken miteinander vereinbar waren. Mit Aplomb brachte sich sein Sohn Avraham der israelischen Öffentlichkeit 1982 ins Bewußtsein durch seine Rede auf einer Demonstration gegen Ariel Scharon nach dem Massaker in den palästinensischen Flüchtlingslagern Sabra und Schatila. Burg, ein brillanter Rhetoriker, wurde sehr schnell eine große Hoffnung des israelischen Friedenslagers. Er wurde sehr jung in die Knesset gewählt und im Jahr 1999 deren Sprecher. Nachdem Ehud Barak sich 2001 vorübergehend aus der Politik zurückgezogen hatte, versuchte Burg den Vorsitz der Arbeitspartei zu erlangen, verlor aber den innerparteilichen Machtkampf. Im Jahre 2003 machte er Schlagzeilen, als er in einem vielzitierten Artikel im *Guardian* behauptete, das zionistische Projekt sei moralisch bankrott. Der Artikel genügte, um Burg für die israelische Öffentlichkeit untragbar werden zu lassen, kurz darauf zog er sich aus dem Parlament zurück. Sein 2006 auf hebräisch erschienenes Buch *Hitler besiegen* ist Burgs Plädoyer für eine israelische Politik, die sich in ihren Prinzipien nicht mehr von den Erfahrungen der Shoah leiten läßt.[77] Es ist aber auch eine intensive, persönliche Auseinandersetzung mit Avrahams Vater Josef Burg. Avraham macht sich darin zum Vorwurf, daß er seinen Vater über Jahrzehnte als zu weich, zu deutsch, zu europäisch verachtet und seine eigene Seele an das israelische Macho-Ethos verkauft habe. Dies stimmt natürlich nur teilweise, war doch der junge Burg seit den achtziger Jahren eine der herausragenden Gestalten der Bewegung Schalom Achschaw (Frieden Jetzt). Dennoch war er vielleicht wirklich tiefer in die israelische Politik verstrickt als sein Vater. Dies mag paradox klingen, da Josef Burg über Jahrzehnte die israelische Politik maßgeblich geprägt hat. Sein Politikstil aber blieb während all dieser Jahre europäisch. Er war bis zu seinem Tode ein europäisch-jüdischer Traditionalist.

Hitler besiegen ist ein Ausdruck von Avraham Burgs Sehnsucht nach Europa, das ihn nach seiner Kehrtwende nunmehr mit offenen Armen empfängt. Die amerikanischen Juden mögen ihn nicht, für sie ist er ein Israelfeind wie viele andere. Man darf allerdings nicht vergessen, daß viele von ihnen ähnliche Positionen vertreten. Das Spektrum ist groß, es reicht vom gefeierten Dramatiker Tony Kushner zum Filmproduzenten und Regisseur Stephen Spielberg, vom Vorsitzenden der jüdischen Reformbewegung Rabbi Eric Joffe bis zum orthodoxen, aber hyperliberalen Rabbiner Michael Lerner, dem Begründer des ökumenischen, universalistischen *Tikkun*-Magazins, vom Altmeister der amerikanischen Literatur Philip Roth zum politischen Philosophen Michael Walzer.

Könnte es sein, daß der Nahe Osten den Universalismus einfach nicht verdauen kann? Kann es sein, daß in einer Region, die keine demokratische Tradition kennt, in der die überwältigende Mehrzahl der Regimes keine demokratische Legitimität besitzt und in der sich einer der großen Religionskonflikte (eigentlich des letzten Jahrtausends) weiterhin abspielt, universalistische Ideale einfach nicht Fuß fassen können? Überall hat das universalistische Aufklärungsethos die überwiegende Mehrheit der Juden in seinen Bann gezogen, wohingegen in Israel der Nationalismus, den Europa zu überwinden gehofft hat, immer stärker wird.

So stellt sich also heraus, daß die einst hochkosmopolitischen Juden letztendlich nicht anders sind als alle anderen. Wie alle wollen sie einen Platz, den sie ihr Heim nennen können, und wie alle anderen benehmen sie sich zu Hause nicht sonderlich zivilisiert. Der Kantische Traum des Weltbürgertums hat sich, so scheint es, als Illusion erwiesen. Wenn die Juden nach all ihrem Leid im Exil nicht gelernt haben, Weltbürger zu werden, dann vermag dies wohl niemand. Vielleicht konnte Kant diesen Traum träumen, weil er sowenig Verbindung zu seinem eigenen Körper hatte, denn abgesehen vom Sprechen, Lesen und Hören schien ihm alle Körperlichkeit fremd. Daher schien es ihm vielleicht möglich, daß Menschen durch reine Vernunftideale geleitet und geeint werden könnten. Vielleicht, so könnte man denken, waren die Diasporajuden deshalb so sehr an das Aufklärungsideal des Weltbürgertums gebunden, weil sie fühlten, daß sie den Kulturen ihrer Gastländer nicht wirklich angehörten. Hinter den antisemitischen Stereotypen versteckt sich womöglich die einfache Wahrheit, daß die jeweilige Kultur oftmals für die Juden nur eine zweite Natur blieb.

Die kurze Geschichte Israels bestätigt, was das politisch konservative Lager seit Edmund Burke schon immer gegen die abstrakten Aufklärungsideale vorgebracht hat. Was Menschen zusammenhält, sind nicht abstrakte Regeln, sondern eine gemeinsame Kultur. Diese wiederum besteht nicht, wie auch die Neurowissenschaften in jüngster Zeit belegt haben, im Erlernen abstrakter Regelsysteme, sondern in der Internalisierung psychomotorischen Hintergrundwissens, das vorbegrifflicher Natur ist. Kulturen sind, wie Wittgenstein immer wieder betont hat, Lebensformen, die nicht auf vollständig explizierbare Regeln rückführbar sind.

Das kann jeder bestätigen, der in seinem Leben einmal getanzt hat: Menschen, die sich nicht im selben Rhythmus zur Musik bewegen, gelangen nicht zu einem Erlebnis der Einheit. Sogar das scheinbare Chaos der monströsen Techno-Clubs ist letztlich in einem solchen Hintergrundverständnis verwurzelt, das in die Körper der Besucher eingeschrieben ist. Massenphänomene sind letztlich körperlich: Sie werden durch Rhythmen, Symbole, Melodien und Bilder zusammengehalten.

Die ersten Regierungen Israels verfügten über eine solche gemeinsame Körpersprache: Sie war männlich, hart, kämpferisch und doch gedämpft durch die Lieder, die von zukünftigem Frieden kündeten. Als dieses Arbeits- und Kämpferethos in den siebziger Jahren brüchig wurde, schwand auch das gemeinschaftliche Zusammengehörigkeitsgefühl in der israelischen Gesellschaft. Das Kurzporträt israelischer Identitäten im ersten Teil dieses Essays zeigt, daß das Land gegenwärtig keinen Rhythmus, keine Melodien und keine Riten mehr hat, die einen Großteil seiner Bevölkerung zu verbinden vermögen. Der Kulturkampf Israels ist wie jeder Kulturkampf der Versuch von Menschen, die sich für ihre Körperlichkeit, für die Kultur, die sie als ihre Identität erleben, einen legitimen Ort finden wollen. Sie wollen fühlen, daß ihre Psychomotorik selbstverständlich ist. Sie wollen sich nicht fremd vorkommen, wenn sie ihre Rituale vollziehen, seien dies nun aschkenasische Gebete, sephardische Gesänge oder amerikanische Hip-Hop-Songs.

Israels Kulturkampf, und hiermit kommen wir zum Ausgangspunkt unserer Betrachtung zurück, ist noch lange nicht beendet. In Tel Aviv fühle ich mich wie viele meiner Freunde und Bekannten zu Hause. Tel Aviv ist eine Stadt von enormer Vitalität, eine Kombination aus dem Greenwich Village und der Upper West Side New Yorks einerseits und Barcelona andererseits, eine Fusion von kapitalistischer Kreativität und mediterraner Sinnlichkeit. Aber mein Freundes- und Bekanntenkreis empfindet das Leben auch oft wie in einem Belagerungszustand. Nur wenige Kilometer weiter östlich, in Bnei Brak wird unsere Lebensform bereits als fremd und bedrohlich empfunden. In Jaffa, das ein Stadtteil von Tel Aviv ist, ist der Konflikt zwischen der jüdischen und der arabischen Bevölkerung für israelische Verhältnisse zwar nur moderat ausgeprägt, aber dennoch nur allzu präsent.

Vor allem aber bedrückt uns die immer größere Kluft zwischen dem, was in Israel halb scherzhaft der »Staat Tel Aviv« genannt wird, und der Hauptstadt Jerusalem, die nur eine Dreiviertelstunde mit dem Auto entfernt ist. Jerusalem, beschwert von der Last einer dreitausendjährigen Geschichte, ist Israels ärmste Stadt. Regierungen der letzten Jahrzehnte unternahmen alles, damit Jerusalem nie wieder geteilt würde, sie verdreifachten die Stadtbevölkerung nach 1967 und dehnten das Gebiet der Stadt weit in das frühere jordanische Gebiet aus. Ohnmächtig sehen wir Tel Aviver zu, wie der jetzige Bürgermeister Nir Barkat immer wieder palästinensischen Grund und Boden enteignet, um jüdischen Bewohnern Raum zu verschaffen. Wir fühlen, daß uns unser Land zunehmend entwunden wird im Namen nationalreligiöser Ideale, die für uns lediglich ein gefährlicher Anachronismus sind.

Ich bin mir vollkommen im klaren darüber, daß die Bewohner von Bnei Brak und ein großer Teil der Einwohner von Jerusalem uns Tel Aviver mit derselben Mischung aus Angst und Befremden betrachten: Vor einigen Jahren lud ich Israel Harel, eine führende Figur der nationalreligiösen Rechten, zu einer Gastvorlesung in ein Seminar, das sich mit israelischen Positionen zum Nahostkonflikt beschäftigte. Harel schreibt oft Glossen in *Haaretz*, in denen er den Werteverfall in Israel beklagt. Was für mich erschreckender Nationalismus ist, kommt für ihn dem Ausdruck grundlegender Werte gleich, die nicht aufgegeben werden dürfen. Was für mich das absolute Minimum an individueller, kultureller und politischer Freiheit darstellt, deutet er als nihilistische Dekadenz. Obwohl er von den Positionen der ultraorthodoxen sephardischen Schas-Partei weit entfernt ist, teilt er mit ihr die Wut auf die linksliberale Elite: Für ihn ist Tel Aviv eine Gefahr, keine Hoffnung.

Er kam an die Universität von Tel Aviv, ein Aushängeschild der säkularliberalen Kultur, und schaute sich mißbilligend um. Die hedonistische Atmosphäre symbolisierte für ihn die linksliberale Dekadenz, die in seinen Augen das zionistische Ethos im Kampf um die jüdische Souveränität untergräbt. Seine Vorlesung begann mit dem dramatischen Aufruf, es müsse zu den Grundwerten eines jeden Juden gehören, den Fortbestand des jüdischen Volkes zu sichern, Israel könne niemals die Westbank mit ihren heiligen Orten aufgeben, ohne der jüdischen Geschichte untreu zu werden. Die Studenten hörten zwar höflich zu, ließen jedoch keine begeisterte Zustimmung erkennen. Nach kurzer Zeit war er verunsichert, er spürte, daß seine Grundvoraussetzungen nicht geteilt wurden. Nach der Vorlesung lud ich ihn zum Mittagessen ein, und er beklagte sich über das Unverständnis auf Seiten der Studenten. Ich entgegnete, daß sie ihn sehr wohl verstanden hätten, aber ganz einfach nicht seiner Meinung seien. Das Essen endete dann recht abrupt, und auf alle weiteren Einladungen hat Harel nie wieder reagiert.

Der Kampf um die kulturelle und politische Identität Israels ist leidenschaftlich bis hin zum Mörderischen: der Politikwissenschaftler und Historiker Zeev Sternhell ist 2008 durch eine Bombe, die ihm von einem rechtsradikalen

Siedler vor die Haustür gelegt worden war, verletzt worden – ein Ausdruck der rasenden Wut, die viele Israelis auf uns Säkulare empfinden. Sie haben Sternhell nie verziehen, daß er die Siedlungspolitik einmal als ein Krebsgeschwür bezeichnet hat, an dem Israel zugrunde gehen werde – ein Ausdruck der Verzweiflung dieses Gelehrten, der als Kind die Shoah überlebte, als Offizier in mehreren Kriegen für Israel kämpfte und sein Land vor lauter darin herrschendem Nationalismus nicht mehr wiedererkennt.

Die Juden sind genauso wie alle anderen Völker daran gescheitert, den Menschen auf ein reines Vernunftwesen zu reduzieren; ihr spezifisches Problem ist, daß ihr Scheitern fast jeden Tag in den Weltschlagzeilen zu finden ist. Der oben bereits erwähnte Michael Chabon hat dies prägnant charakterisiert. Aus Anlass eines neuerlichen Fehltritts der israelischen Regierung schrieb er, Israel sei der endgültige Beweis, daß die Juden nicht besser seien als alle anderen; die Juden hätten endlich ihr Recht verwirklicht, wie alle Menschen strohdumm, irrational und kurzsichtig zu sein.[78] Es sei an der Zeit, die Vorstellung, die Juden seien intelligenter als andere, sowie die Idee, daß schon das Überleben der Juden in der Diaspora (wie jetzt das Überleben Israels in einer feindlichen Umgebung) auf eine besondere Qualität der Juden hinweise, endlich auf dem Müllhaufen der Geschichte zu entsorgen. – Chabons Blickwinkel ist sehr hilfreich bei dem Versuch, Israels gefährdete Sonderstellung möglichst nüchtern jenseits aller theologischen und geschichtsphilosophischen Interpretationen der jüdischen Geschichte zu begreifen. Das Problem dabei ist nur, daß es fast unmöglich ist, die Geburtsstätte des Monotheismus von religionsmetaphysischen Deutungen, Ansprüchen und den dazugehörigen politischen dramatischen Geschehnissen zu befreien.

Jenseits des Jerusalemsyndroms

Mehr als ein Jahrzehnt nach meiner Teilnahme an der Talk-show von Radio Kol Chai lud mich Elasar Sturm ein, erneut an einer Diskussion für einen Sender teilzunehmen. Eine nationalreligiöse Gruppe hatte im Jahre 2010 eine Internet-Fernsehstation eröffnet, und ihr wichtigstes Format sollte seine Streitdiskussion sein, in der jeweils ein Nationalreligiöser und ein Linksliberaler aufeinandertreffen sollten. So saß ich eines Abends dem in Algerien geborenen und in Frankreich aufgewachsenen Rabbiner Uri Scherki gegenüber, der heute in nationalreligiösen Kreisen hochpopulär ist. Scherki ist für seine Gruppe recht typisch. Selbstverständlich hat er einen langen Bart und eine große gestrickte Kippa (die traditionelle Kopfbedeckung religiöser Juden). Er ist freundlich, seine Stimme ist weich, und ihn umgibt eine Aura sanfter Spiritualität. Ich wußte, daß Scherki eine gute Universitätsausbildung genossen hatte, und hatte mich auf ein intellektuell anspruchsvolles Gefecht vorbereitet. Dann aber kam alles anders.

Er erklärte zu Beginn der Sendung ruhig und einnehmend, das jüdische Volk sei erkoren, der Welt ein Vorbild zu sein, was erst mit den Eroberungen von 1967 der Fall geworden sei, überhaupt habe das zionistische Projekt als solches erst mit dem Sechstagekrieg eine Sinnhaftigkeit erhalten. Daher sollte man auch die Palästinenser zur Emigration ermutigen und denjenigen Palästinensern und Arabern, die im Großisrael westlich des Jordans verbleiben würden, das Bürgerrecht entziehen. Ich hörte ihm geduldig zu und dankte ihm dann ironisch für seine Ausführungen und für seine Ehrlichkeit. Es sei mutig von ihm, einfach klar zu sagen, daß er die Juden für eine Art Überrasse halte, die zur Herrschaft bestimmt sei, und daß er offensichtlich ein Apartheidsystem errichten wolle. Seine Reaktion bestand darin, mich zu beschuldigen, ihm nicht offenherzig, sondern vorurteilsbeladen gegenüberzutreten. Ich entgegnete, daß meines Wissens die Definition von Apartheid sei, daß einer bestimmten gesellschaftlichen Gruppe per definitionem bestimmte Bürgerrechte vorenthalten würden und daß dies keine Stereotypisierung sei. Israel könne seine internationale Isolierung beenden – aber sicher nicht vermittels der Positionen, die Scherki vertrete. Dann kam die große Überraschung: Scherki erklärte mir, daß Israels Isolierung nicht von der Besatzungspolitik abhinge, sondern statt dessen wesentlich mit dem »europäischen Unbewußten« zu tun habe. Da die Juden von Gott dazu bestimmt seien, die Menschheit zu führen, sei Europa auf Israel wütend, weil es seine Führungsrolle nicht ausfülle und statt dessen die Kritik der internationalen Gemeinschaft zu ernst nehme. Die Betreiber der Fernsehstation haben Teile dieses Dialogs in der Internetfassung dann weggelassen.[79]

Für mich sind Scherkis Positionen Teil eines Wahnsystems. Er glaubt im 21. Jahrhundert allen Ernstes an einen stammesgeschichtlichen Mythos, der sich auf nichts als eine biblische Geschichte stützen kann. Dies bereitet ihm jedoch nicht die geringste Sorge, und er ist felsenfest davon überzeugt, daß die ganze Welt unrecht hat, er aber die ewig gültige Wahrheit vertritt. Die Frage ist, was hinter diesem Wahn steckt, der mir Ausdruck einer allgemein-gesellschaftlichen Tendenz globalen Ausmaßes zu sein scheint, die in Israel aber besonders deutlich zum Tragen kommt. Vor diesem Hintergrund dürfte es kein Zufall sein, daß Jerusalem die einzige Stadt ist, nach der ein psychiatrisches Wahnsyndrom benannt ist: das Jerusalemsyndrom. Fast täglich werden in die psychiatrische Anstalt Kfar Schaul junge Männer ausländischer Herkunft eingeliefert, die überzeugt sind, sie seien der Messias. Sobald sie mental stabil genug sind, versucht man, Verwandte ausfindig zu machen, die diese jungen Schwärmer wieder in ihre Heimatländer zurückbringen und dort psychiatrisch weiterbetreuen lassen. Kfar Schaul ist ein idyllisches kleines Dorf. Die verschiedenen Abteilungen sind in freistehenden Häusern untergebracht. Die meisten Patienten sind chronische kranke, nicht heilbare Schizophrene, die dort in Ruhe bis zu ihrem Tode leben. Diese Idylle wird allerdings getrübt, wenn man erfährt, daß der ursprüngliche Name dieses Dorfes Deir Jassin war. Dort fand 1948 das schrecklichste Massaker des israelischen Unabhängigkeitskrieges statt. Ein Kommando der rechtsradikalen Untergrundorganisation Irgun griff dieses Dorf an und tötete mehr als hundert Palästinenser. Als Student arbeitete ich in den achtziger Jahren dort einige Monate und dachte oft über die Ironie nach, daß dieses Dorf, das ein Sinnbild der Kriegsgewalt geworden war, nun die Endstation im Leben von psychisch Kranken war.

Das klinische Jerusalemsyndrom ist eine gute Metapher für den Religionseifer, den diese Stadt seit Jahrtausenden bei den Anhängern der drei großen Monotheismen auslöst.

Was aber an Jerusalem bringt diesen apokalyptischen Wahn in den abrahamischen Religionen zum Ausbruch? Es mag hier wohl am Platze sein, daran zu erinnern, welches Ereignis gemäß der biblischen Überlieferung auf dem Tempelberg, der in der Bibel auch Berg Morija genannt wird, stattgefunden hat:

»Nach diesen Ereignissen stellte Gott Abraham auf die Probe. Er sprach zu ihm: Abraham! Er antwortete: Hier bin ich. Gott sprach: Nimm deinen Sohn, deinen einzigen, den du liebst, Isaak, geh in das Land Morija, und bringe ihn dort auf einem der Berge, den ich dir nenne, als Brandopfer dar.

Frühmorgens stand Abraham auf, sattelte seinen Esel, holte seine beiden Jungknechte und seinen Sohn Isaak, spaltete Holz zum Opfer und machte sich auf den Weg zu dem Ort, den ihm Gott genannt hatte. Als Abraham am dritten Tag aufblickte, sah er den Ort von weitem. Da sagte Abraham zu seinen Jungknechten: Bleibt mit dem Esel hier! Ich will mit dem Knaben hingehen und anbeten; dann kommen wir zu euch zurück.

Abraham nahm das Holz für das Brandopfer und lud es seinem Sohn Isaak auf. Er selbst nahm das Feuer und das Messer in die Hand. So gingen beide miteinander. Nach einer Weile sagte Isaak zu seinem Vater Abraham: Vater! Er antwortete: Ja, mein Sohn! Dann sagte Isaak: Hier ist Feuer und Holz. Wo aber ist das Lamm für das Brandopfer? Abraham entgegnete: Gott wird sich das Opferlamm aussuchen, mein Sohn. Und beide gingen miteinander weiter.

Als sie an den Ort kamen, den ihm Gott genannt hatte, baute Abraham den Altar, schichtete das Holz auf, fesselte seinen Sohn Isaak und legte ihn auf den Altar, oben auf das Holz. Schon streckte Abraham seine Hand aus und nahm das Messer, um seinen Sohn zu schlachten. Da rief ihm der Engel des Herrn vom Himmel her zu: Abraham, Abraham! Er antwortete: Hier bin ich. Jener sprach: Streck deine Hand nicht gegen den Knaben aus, und tu ihm nichts zuleide! Denn jetzt weiß ich, daß du Gott fürchtest; du hast mir deinen einzigen Sohn nicht vorenthalten. Als Abraham aufschaute, sah er: Ein Widder hatte sich hinter ihm mit seinen Hörnern im Gestrüpp verfangen. Abraham ging hin, nahm den Widder und brachte ihn statt seines Sohnes als Brandopfer dar.

Abraham nannte jenen Ort Jahwe-Jire (Der Herr sieht), wie man noch heute sagt: Auf dem Berg läßt der Herr sehen.

Der Engel des Herrn rief Abraham zum zweitenmal vom Himmel her zu und sprach: Ich habe bei mir geschworen – Spruch des Herrn: Weil du das getan hast und deinen einzigen Sohn mir nicht vorenthalten hast, will ich dir Segen schenken in Fülle und deine Nachkommen zahlreich machen wie Sterne am Himmel und den Sand am Meeresstrand. Deine Nachkommen sollen das Tor ihrer Feinde einnehmen. Segnen sollen sich mit deinen Nachkommen alle Völker der Erde, weil du auf meine Stimme gehört hast.« (Genesis 22)

Diese Geschichte ist immer wieder interpretiert und diskutiert worden. Da ich Israel von seiner Kollektivpsyche her und nicht theologisch verstehen will, ist es zwingend, den Text einfach so zu lesen, wie er sich präsentiert: Gott verlangt unbedingten Gehorsam. Immer wieder prüft er seine Anhänger: Sind sie bereit, alles zu tun, was er verlangt? Die Prüfung Abrahams besteht darin, daß er gegen die grundlegendsten emotionalen und ethischen menschlichen Instinkte handeln soll. Gott ist, wie der Text der Zehn Gebote sagt, ein »eifernder, sein Recht fordernder Gott«. Existenzialpsychologisch gesehen ist die Forderung nach der Opferung des Sohnes keinem Gott zuzurechnen, sondern der menschlichen Psyche, die das Todesbewußtsein nicht ertragen kann. Bezeichnenderweise zieht sie den physischen Tod einem Schaden am Sinnsystem vor: Die symbolische Unsterblichkeit ist wichtiger als das Leben.

Das Epizentrum des nahöstlichen Konfliktes ist der Tempelberg; gemäß der Tradition ist dies der Berg Morija, auf dem Abraham dem eifernden Gott beinahe seinen Sohn geopfert hätte. Nun streiten sich die drei großen abrahamischen Religionen nicht nur darüber, in wessen Hand dieser Berg des Grauens sich befinden sollte. Sie streiten sich sogar darüber, wen genau Abraham eigentlich beinahe geopfert habe: Gemäß mehreren muslimischen Quellen sei es nicht Isaak, sondern Ismael gewesen. Dies ist insofern mit dem biblischen Text nicht zu vereinbaren, als schon viele Jahre vorher Abraham bereit war, Ismael in den Tod zu schicken, da seine Frau Sara verlangte, Ismael zusammen mit seiner Mutter Hagar zu vertreiben. Aber im Judentum, im Christentum und im Islam scheint es die höchste Ehre zu sein, beinahe das Opfer eines Unzurechnungsfähigen geworden zu sein. Das Christentum ist aus historischen Gründen heute nicht mehr am Souveränitätsstreit über den Tempelberg involviert, an dem es über Jahrhunderte hinweg auf blutige Weise teilnahm. Und doch gewinnt es diesen Wettbewerb der Sohnesopfer souverän: Während Abraham seinen Sohn nur beinahe geopfert hat, hat Gott seinen Sohn tatsächlich geopfert. Nicht weit vom Tempelberg wurde der Sohn statt des Widders gekreuzigt: *agnus dei, qui tollis peccata mundi.*

Apokalypse now!

Wenn auch die meisten religiösen Eiferer nicht denken, sie seien die Auserwählten, so haben alle drei Monotheismen radikale Gruppen, die die messianischen Zeiten herbeisehnen, und sie konkurrieren darum, wer die Apokalypse auslösen wird. Ein weiterer großangelegter Terrorakt islamistischer Extremisten in den Vereinigten Staaten, möglicherweise mit einer Nuklearwaffe, ist keine paranoide Phantasie, sondern eine Möglichkeit, deren Wahrscheinlichkeit bis ins Jahr 2020 auf 25 Prozent geschätzt wird.[80] Derweil geht der

Streit zwischen Juden, Christen und Muslimen weiter und treibt immer irrwitzigere Blüten. Das Epizentrum des aktuellen theologisch-politischen Streits ist wieder einmal der Tempelberg, der von den Arabern auch Haram Al-Scharif genannt wird. Dort liegen seit dem 7. Jahrhundert zwei der für den Islam heiligsten Stätten. Dies aber ist zugleich der Ort, von dem die Juden glauben, daß dort nach der Ankunft des Messias der dritte Tempel erbaut würde, was zu einem unlösbaren und dadurch immer hitziger ausgetragenen religiösen Immobilienkonflikt führt. Im bereits erwähnten Roman *Die Vereinigung jiddischer Polizisten* von Michael Chabon ist es eine chassidische Sekte, die den Felsendom und die Al-Aksa-Moschee auf dem Tempelberg in die Luft sprengen will. Als Vorbereitung züchten sie in Alaska eine rote Kuh. Dies ist notwendig, da Juden nur in absoluter Reinheit auf den Tempelberg steigen dürfen und der relevante Reinheitsgrad nur durch die Waschung mit der Asche einer roten Kuh erreicht werden kann. Die Realität ging nicht weit daran vorbei: in den achtziger Jahren enttarnte der israelische Geheimdienst eine jüdische Terrorgruppe, die wirklich plante, den Felsendom und die Al-Aksa-Moschee in die Luft zu sprengen. Auch die Christen sind in diesem Wettbewerb des Irrsinns mit von der Partie. Evangelikale Gruppen in den Vereinigten Staaten sind Israels größte politische Stütze, und kein amerikanischer Präsident darf diese einflußreiche Gruppe zu sehr brüskieren. Dementsprechend baut Netanjahu seit Jahrzehnten darauf, das dieser gewichtige Teil amerikanischer Wähler seinen Einfluß auf die amerikanische Politik geltend macht, so daß Israel sich auf unabsehbare Zeiten der Unterstützung der Vereinigten Staaten sicher sein kann. Nicht sicher ist hingegen, ob Netanjahu das Kleingedruckte in der Agenda dieser Sekten gelesen hat. Diese basiert auf der Offenbarung des Johannes und ist grosso modo folgende: Es ist theologisch unumgänglich, daß die meisten Juden in Israel leben müssen, weil dann der apokalyptische Krieg zwischen Gog und Magog ausbrechen wird, in dem zwei Drittel der Juden sterben werden. Das verbleibende Drittel wird zum Christentum übertreten, und dies wird zur Wiederkunft Christi führen. Auch hier wird die Apokalypse nicht nur herbeigesehnt, sondern auch ganz praktisch unterstützt.

Das 20. Jahrhundert war das Zeitalter der großen säkularen Ideologien. Es ist Mode geworden, das 21. Jahrhundert als das der Religionen zu bezeichnen. Ob dies eine fruchtbare Interpretation unserer Gegenwart ist, darüber werden zukünftige Historiker sich streiten. Was aber schon jetzt gesagt werden kann, ist, daß Israel zu einem großangelegten Laboratorium für das menschliche Bedürfnis nach Sinnsystemen mit absolutem Geltungsanspruch geworden ist. Viele hundert Jahre war es ein unumstrittenes Dogma, daß der Monotheismus die höchste Stufe menschlicher religiöser Entwicklung ist. Abraham sei der Vorvater des Judentums, des Christentums und des Islams, die aus guten Gründen »abrahamisch« genannt werden. Der Monotheismus, so wurde immer angenommen, ist der Schritt, durch den die Menschheit aus dem Bann der Naturverfallenheit getreten ist. Die früheren Götter, die dann zu Götzen herabsanken, waren der Wind, die Sonne, der Regen, das Meer, die Erde, die Fruchtbarkeit. Der Ägyptologe Jan Assmann hat gezeigt, daß dieses Narrativ auf der *mosaischen Unterscheidung* basiert:[81] Das Buch Exodus erzählt die Geschichte des jüdischen Volkes als einen Ausbruch aus der Sklaverei, und Ägypten wird darin zum Projektionsobjekt all dessen, was als unwahr und unmoralisch zu gelten hatte. Mit Moses wurde die wahre Religion als die Verneinung Ägyptens definiert, und Jahwe wurde der Gott, der die Juden über das

Stadium der Schlechtigkeit hinaushob. Die Antwort auf das Goldene Kalb ist die Offenbarung der Schrift. Die Antwort auf die ägyptische Anbetung von Bildern ist das Bilderverbot. Assmann verdeutlicht, daß das Ziel dieses Narrativs die Etablierung einer Gegenreligion war: Das Judentum wurde zum Gegenteil des ägyptischen Polytheismus, zur Wahrheit, die das Falsche negiert. Die Feste und Symbole der anderen Religionen werden zum Teil dadurch verdrängt, daß sie in die neue eingepaßt wurden. Agrarische Feste der kanaanitischen Bevölkerung werden weiter gefeiert, aber im Sinne der Exoduserzählung in die jüdische Religion integriert. Diese Form der symbolischen Anverwandlung ist auch heute noch eine beliebte Form zur Erringung religionspolitischer Hegemonie: Das israelische Religionsministerium hat in den letzten vierzig Jahren über dreihundert Gräber von großen rabbinischen Figuren »entdeckt«, die innerhalb kürzester Zeit zu Objekten des jüdischen Kultes avancierten, obgleich anzunehmen ist, daß die überwiegende Mehrheit dieser Gräber viel jüngeren Datums sind und arabische Scheichs darin begraben liegen.

Es geht mir hier natürlich nicht um die archäologische Wahrheit dieser Orte, sondern um die religionspolitische Taktik, die dabei in der Gegenwart zur Anwendung kommt. Die zionistische Bewegung war ursprünglich säkular, kam aber schnell zu dem Schluß, daß die Religionsgeschichte und die Archäologie politisch mobilisiert werden konnten. Für sie galt es zu demonstrieren, daß die Juden in Israel wirklich vor zwei Millennien gelebt hatten, und je mehr Evidenz für diese Geschichte erbracht werden konnte, desto legitimer erschien ihnen der Anspruch der Juden auf das Land Israel. Diese politische Mobilisierung der Theologie führt auch heute zu den eigenartigsten Phänomenen. In Fernseh-Talkshows von Fox News bis Al Jazeera wird heftig darüber gestritten, welche Religion nun inniger mit dem Land Israel/Palästina verbunden sei. Die Juden argumentieren, Jerusalem sei Hunderte Male im Alten Testament erwähnt, hingegen nur viermal im Koran. Muslime geben bekannt, ganz Palästina sei *waqf*, von Allah den Muslimen zugesprochen; es gebe hier keinen Kompromiß und sie würden nicht ruhen, bis das Versprechen eingelöst sei.

All diese hier geschilderten Verwerfungen sind Teil des psychopolitischen Jerusalemsyndroms; zu Ende gedacht ist es der Wahn, die eigenen Kinder im Wettbewerb der religiösen Eiferer notfalls auch in den Tod zu schicken. Es ist ein Ausdruck der menschlichen Sehnsucht nach einem hermetischen Sinnsystem, das alle Fragen, Ängste und Wünsche in einer einzigen großen kathartischen Erzählung verschmelzen läßt – auch wenn man dafür über Leichen gehen muß, um die Realität dem Wunschbild anzupassen. Die Extremisten der drei abrahamischen Religionen sind mit ihren apokalyptischen Visionen gegenwärtig genau dazu bereit. In Zeiten globalisierter Chancen wie Verunsicherungen ist all das längst nicht mehr auf den Bereich der individuellen Psychose beschränkt. Ebenso wenig ist das Jerusalemsyndrom auf den Nahen Osten beschränkt. Vielmehr ist es Teil einer sich gegenwärtig Bahn brechenden, neuen religiös-fanatischen Artikulation des Sozialen, die auf die Einrichtung der Gesellschaft nach theologischen Prinzipien zielt und nicht nach vernünftigen.

Für einen neuen Realismus der Politik

Mit meiner essayistischen »Einführung in ein schwieriges Land« habe ich versucht, Israel jenseits der Idealisierung und der Dämonisierung zu verstehen. Weder die inneren

Konflikte des Staates Israel noch der Haß, dem es heute ausgesetzt ist, sind unerklärliche metaphysische Phänomene. Ich habe drei Erklärungen dafür angeboten. Zum einen die verspätete Entstehung des jüdischen Nationalismus samt der unvollendeten Auseinandersetzung der Juden mit der Moderne. Zum anderen die Geschichte der Europäer, die in ihrer moralischen Anklage gegen Israel ihre eigene schuldbeladene Geschichte verhandeln. Schließlich habe ich auf die vielschichtigen Funktionen hingewiesen, die Israel in der Welt hat, als Sündenbock für allerhand enttäuschte Ideale und Utopien, aber auch als neuere Projektionsfläche etwa für den Kampf zwischen dem Westen und dem Islam etc. Die Frage, die zum Schluß offenbleibt, ist folgende: Kann all dies zu einem guten Ende geführt werden? Gibt es eine Möglichkeit, daß in Israel für die Juden eine Normalisierung herbeigeführt wird, nach der sich die frühen Zionisten gesehnt haben?

Wenn das Jerusalemsyndrom jemals überwunden werden soll, dann wird dies nur geschehen, wenn der Nahe Osten endlich nicht mehr als Bühne eines metaphysischen Dramas interpretiert wird; wenn den Nexus der Sohnestötung, die der abrahamische Mythos zur Spitzenleistung religiöser Hingabe stilisiert hat, nur noch als Ausdruck der Tendenz der menschlichen Psyche gilt, verabsolutierte Sinnstiftungssysteme auch bis zum letzten Tropfen Blut zu verteidigen, und wenn wir endlich darüber hinaus einsehen, wie absurd es ist, daß die Menschen die symbolische Unsterblichkeit dem irdischen Leben vorziehen.

Dem steht jedoch eine schlichte Tatsache entgegen: 85 Prozent der Menschheit sind religiös. Dies hat sich auch nach der Wissenschaftsrevolution nicht geändert, anscheinend aus Gründen, die tief in der Struktur der menschlichen Psyche verankert liegen. Die Menschen scheinen wie geschildert unfähig, die eigenen Sinnstiftungssysteme nicht todernst zu nehmen, denn dafür müßten sie die eigene Sterblichkeit akzeptieren.[82]

Es kann hier nicht darum gehen, geschichtsphilosophische Prophezeiungen zu machen, denn die Richtung der Geschichte wird eher durch den Schmetterlingseffekt als durch intelligible Vernunftverhältnisse geprägt. Man möge sich nur vorstellen, wie anders das letzte Jahrzehnt verlaufen wäre, wären die amerikanischen Geheimdienste aktiv den Informationen über Mohammed Atta nachgegangen, und die Attentate des 11. Septembers 2011 hätten verhindert werden können. Die Invasionen in Afghanistan und Irak hätten vermutlich nicht stattgefunden, George W. Bush wäre höchstwahrscheinlich nicht wiedergewählt worden, und die Vereinigten Staaten hätten im Nahen Osten unter Umständen einen nachhaltigen Friedensprozeß initiiert. Es ist ernüchternd, sich vorzustellen, daß nicht erhabene Ideale, sondern eine effiziente Zusammenarbeit der israelischen und der palästinensischen Sicherheitskräfte dazu führen könnte, daß der israelisch-arabische Konflikt allmählich zu einem Ende käme. Es ist noch ernüchternder, sich auszumalen, daß ein verpaßtes Telefongespräch zwischen ebendiesen Geheimdiensten dazu führen könnte, daß ein großangelegter Terroranschlag in Tel Aviv oder Jerusalem zu einem Vergeltungsschlag der israelischen Armee führte, der dann von einem Raketenangriff der Hisbollah erwidert würde, der dann aus reinem Zufall eine Raffinerie in Haifa zerstören könnte, was zu Hunderten Toten auf israelischer Seite führen würde und so weiter und so fort bis zur Großkatastrophe.

All diese Erkenntnisse bringen reichlich Ernüchterung mit sich. Ein Erwachen des Nahen Ostens aus seiner selbstverschuldeten Unmündigkeit und sein plötzlicher Eintritt in die Epoche eines vertrauensvollen Miteinanders ist nicht zu erwarten. Daran ändern vorerst auch die Ereignisse in Tunesien, Ägypten, Libyen und anderen arabischen Ländern nichts. Die Hoffnungen auf eine Demokratisierung der arabischen Welt im Zeichen der »Jasmin-Revolution« könnte schon bald wieder Geschichte sein, sollten sich die arabischen Völker für ein theokratisches Modell entscheiden. Dennoch ist die Vision, der Wolf und das Lamm könnten einst nebeneinander ruhen, nicht aus der Welt zu schaffen. Zwischen den idealistischen Friedenskonzeptionen und dem apokalyptischen Denken in Begriffen des unlösbaren Kampfes der Kulturen gibt es indessen nur einen Weg, der Israel – vielleicht – zur relativen Ruhe kommen lassen wird: den der nüchternen Einsicht, daß, wie Kant gesagt hat, aus dem so krummen Holz der menschlichen Natur nichts ganz Gerades gezimmert werden kann. Nur die geduldige und pragmatische Anwendung der Vernunft wird uns vielleicht aus unseren selbsterfundenen metaphysischen Dramen allmählich befreien.

Nachwort
Für ein Israel jenseits des neuen und des alten Juden

Ausländische Diplomaten lieben es meist, in Israel zu arbeiten. Hier geschieht in einem Monat mehr als anderswo in Jahren. Während ich diese Zeilen schreibe, ist die Zukunft des Landes wieder einmal ungewiß. Ausnahmsweise jedoch in einem guten Sinne. Hunderttausende Menschen sind in den letzten Wochen immer wieder gegen die hohen Lebenshaltungskosten auf die Straßen gegangen. Israels Plätze haben sich in Zeltlager des Protestes verwandelt, in denen junge idealistische Menschen ausharren und mehr soziale Gerechtigkeit fordern. Die Sprache der menschlichen Bedürfnisse stellt sich mit Mut der zynischen Sprache der derzeitigen Politik entgegen. Wird diese neue Bewegung, die die ganze Gesellschaft ergriffen hat, etwas an der autoritären Tendenz der israelischen Politik ändern? Bewiesen haben diese Massenproteste zumindest, daß Israels Demokratie immer noch lebendig ist. Die Hoffnung vieler Menschen ruht derzeit auf Arie Deri, dem einstigen Führer der Schas-Partei. Er hat angekündigt, eine neue Partei der sozialen Gerechtigkeit zu gründen, die alle Milieus und Schichten repräsentieren soll. Nach den Jahren der ethnisch-religiösen Zersplitterung käme dies einem Neuanfang der israelischen Politik gleich, könnte doch die bleierne Vorherrschaft der rechten Parteien endlich gebrochen werden.

Auch Israels außenpolitische Situation könnte sich in naher Zukunft grundlegend ändern. Die Anerkennung des palästinensischen Staats durch die UNO-Generalversammlung wird womöglich die Palästinenser ermutigen, ihr gewalttätiges Vorgehen gegen Israel durch gewaltlosen Widerstand zu ersetzen. Wäre dem so, hätte der jüdische Staat keinen

Grund mehr, die seit 1967 bestehende Besatzung der Westbank aufrechtzuerhalten.

All dies vermag nicht darüber hinwegzutäuschen, daß die
demokratische Kultur des Landes in den letzten Jahren er-
heblichen Schaden genommen hat, daß die Knesset in jüngster Zeit antidemokratische Gesetze verabschiedet hat: Dem
Vorschlag des israelischen Außenministers Avigdor Lieberman, alle Nichtjuden, die das Bürgerrecht erwerben wollen,
zu einem Treueeid auf den »jüdisch-demokratischen Staat«
zu verpflichten, folgte das Verbot öffentlicher Gedenkver-
anstaltungen der palästinensischen Nakba sowie das Verbot von Boykottaufrufen gegen Produkte aus der Westbank
bzw. gegen Israel allgemein. Der autoritären Politik im In-
nern entspricht der nationalistisch-isolationistische Kurs in
der Außenpolitik. Auf eine palästinensische Staatsausrufung
dürfte die Netanjahu-Regierung mit der grimmigen Be-
schwörung antworten, daß Masada nie wieder fallen werde,
sosehr auch die Gojim wieder einmal die jüdische Existenz
bedrohten.

So lebe ich wie viele meiner Freunde zwischen der Hoffnung,
daß Israel endlich der Stimme der Vernunft folgen wird, und
der verzweifelten Feststellung, daß die nationalen Mythen
schwer aus den Köpfen der Menschen zu bekommen sind.

Was aber sind die Mythen, die das jüdische Volk charakte-
risieren? Der wohl bedeutendste Mythos ist der vom auserwählten Volk. Die fünf Bücher Mose variieren dieses immer aufs neue. Von Abraham bis Jakob, von Mose bis zu
den Propheten und Königen ist immer wieder zu lesen, das
jüdische Volk sei von Gott auserwählt worden und es sei
dasjenige, das der Welt den Monotheismus gebracht habe.
Dicht gefolgt wird diese Legende vom Mythos, die jüdische
Geschichte sei vor allem eine Geschichte aus Verfolgung
und Leid. An dritter Stelle steht schließlich der Glaube dar-

an, die Juden seien das Volk des Buches, fähig, über Jahrtausende ohne politische Macht, nur in der Geistigkeit zu überleben.

Wieviel von diesen Mythen entspricht der Wahrheit? Der heutige Forschungsstand deutet darauf hin, daß die fünf Bücher Mose erst ab dem späten 7. Jahrhundert vor unserer Zeitrechnung geschrieben und im 4. Jahrhundert redigiert worden sind; daß die Juden bis in diese Epoche monolatrische Polytheisten waren; daß die Geschichte der Urväter, der Auszug aus Ägypten und die Einwanderung nach Israel historisch nicht belegbar sind;[83] daß das Königreich Davids zwar existiert hat, aber bei weitem nicht das war, was in den Geschichten erzählt wird, sondern eher ein erweiterter Stammesstaat mit etwa 75 000 Einwohnern. Salomo schließlich dürfte seines Zeichens weder reich noch mächtig gewesen sein.[84] Der Mythos vom Auserwähltsein und von der jüdischen Religion als Stifter des Monotheismus hält ebenso einer näheren Überprüfung nicht stand.

Eine rationalistische Auffassung hätte davon auszugehen, daß Menschen fähig sind, empirische Evidenz über Glaubenssätze zu stellen und zu verstehen, daß die Unterschiede zwischen den Menschen qua Gattungszugehörigkeit verglichen mit den Ähnlichkeiten verschwindend gering sind. Schon nur die Idee, daß ein Volk erwählt sei, müßte als vollkommen irrational betrachtet werden. Und doch wird dieses Wissen von der überwältigenden Mehrheit, nicht nur der Juden, sondern auch der gläubigen Christen systematisch verdrängt, denn auch die beiden jüngeren abrahamischen Religionen, das Christentum und der Islam, akzeptieren die Wahrheit des Alten Testaments. Die Juden sind in dieser Hinsicht nicht irrationaler als alle anderen, auch weil die Irrationalität des Religiösen nicht auf die Religionen im engeren Sinne beschränkt ist, wurde doch das 20. Jahrhundert aufs schrecklichste von säkularen Erlösungsideologien geprägt. Es scheint, daß das menschliche Bedürfnis nach Identität und Sinnsystemen fast jeglichem rationalen Einfluß widersteht.

Das vielleicht größte Problem der israelischen National-erzählung ist, daß in ihr die Diasporageschichte als nichts anderes als eine einzige Geschichte schamvoller Schwäche erscheint, in der die Juden passiv Verfolgung und Erniedrigung erduldet hätten und sich am Ende wie die Schafe zur Schlachtbank hätten führen lassen. Diese Verwerfung der Diaspora war die Grundlage für den Mythos, Israel habe einen neuen, männlichen, harten Juden, den »neuen Hebräer«, hervorgebracht, der auf alle Zeiten den verweichlichten überintellektuellen Juden von einst vergessen machen sollte. Wenn aber der Großteil der jüdischen Geschichte – und die Diaspora macht allein zeitlich gesehen den Großteil der jüdischen Geschichte aus – nichts als eine Quelle der Scham und Erniedrigung ist, dann wird sie zu einem Trauma, das obsessiv verdrängt werden muß, soll es nicht die neugewählte Identität bedrohen. Dieses psychologische Prinzip gilt für Kollektive genauso wie für Individuen.[85] Die Wiederaneignung der Diasporageschichte unter anderen Vorzeichen ist daher eine notwendige Bedingung für die Transformation Israels.

Der geschichtliche Wahrheitskern des Ausnahmezustands der jüdischen Geschichte ist darin zu suchen, daß eine Gruppe von Menschen über so lange Zeit ohne territoriale Zugehörigkeit oder politische Macht eine kontinuierliche Identität ausgebildet hat. Diese Identität ist weit fluider und komplexer, als von den israelischen Ideologen auf der Rechten oder den Vertretern der Ultraorthodoxie eingestanden wird. Die Juden waren nicht nur eine Religion wie das Christentum, sondern trotz ihrer Zerstreuung auch eine volksähnliche Gruppe. Sie waren aber auch kein Volk im üblichen Sinne,[86] da sie außer in der Liturgie und den Religionsstudien keine gemeinsame Sprache hatten. Sie schufen durch ihre Lebensführung eine anpassungsfähige Identität, die den üblichen Klassifikationen nicht entsprach. Wie die Juden schmerzhaft erfuhren, konnten die Kulturen ihrer Gastländer mit dieser hybriden Identität schlecht umgehen, schlechter noch als mit Identitäten, die einfach nur fremd waren.

Große Teile der jüdischen Geschichte sind durch tiefes Leid charakterisiert, vor allem während des zweiten nachchristlichen Millenniums in Europa. Von den Kreuzzügen bis zur Emanzipation waren die Juden meist zu einer Ghettoexistenz verdammt, ihr rechtlicher Status war hoch problematisch und, wie die Geschichte der Pogrome zeigt, ihre Sicherheit prekär. Diese Leidensgeschichte erreichte in der Shoah ihre bis heute kaum je verstandene Kulmination; die Erinnerung an sie ist für die meisten Juden ein identitätskonstituierender Faktor. Die Aneignung der Diasporageschichte muß sich sowohl mit dem Triumph des jüdischen Überlebens als auch mit der Tragödie jüdischen Leids auseinandersetzen. Es ist daher einer der schwerwiegenden Fehler der israelischen Politik, das eigene Handeln allzu oft ausschließlich unter Verweis auf die Shoah zu rechtfertigen. Wer aber denkt, daß die Erinnerung an sie aus der jüdischen und israelischen Psyche wegzudenken ist, gibt sich einer Illusion hin. Das jüdische Volk wird von dieser Katastrophe auf immer geprägt sein, sie kann nicht wegrationalisiert oder weganalysiert werden. Der einzig sinnvolle Umgang scheint mir, dem Trauma nachträglich einen Sinn zuzusprechen, indem es zu moralischen Schlußfolgerungen führt. Ich denke aber, daß Israel die falschen Schlüsse gezogen hat.

Für mich wie für die überwältigende Mehrheit liberal denkender Juden ist die einzig zwingende Konsequenz aus der jüdischen Geschichte, daß jeder Versuch, bestimmten Gruppen Menschenrechte vorzuenthalten, monströse Folgen für die Existenz aller hat und moralisch daher nicht vertretbar ist. Der Mord an den europäischen Juden ist einer der schrecklichsten Genozide in der menschlichen Geschichte und in gewisser Hinsicht vielleicht einzigartig. Aber es darf nicht vergessen werden, daß im 20. Jahrhundert wahrscheinlich an die 180 Millionen Menschen unterschiedlichen Völkermorden zum Opfer gefallen sind.[87] Was aus der Shoah gelernt werden muß, ist nicht »das darf uns Juden nie wieder geschehen«, sondern »dies darf überhaupt nie wieder geschehen«. Mit Blick auf den israelisch-palästinensischen Konflikt, der entgegen allen Verleumdungen etwa seitens der europäischen Linken kein Genozid ist, ist die Konsequenz gleichwohl eindeutig. Die Möglichkeit, die Palästinenser zu unterjochen, anstatt ihnen volle politische Rechte zuzugestehen, ist für mich als Mensch und Jude eine moralische Unmöglichkeit. Ich stehe damit nicht allein. In meinen Vorträgen und Diskussionen sowohl in Israel als auch in Europa und den USA erfahre ich für diese Position von jüdischen Zuhörern oft starken Zuspruch.

Dies bedeutet nun keinesfalls, daß ich an eine prophetische Vision des ewigen Friedens oder des Zusammenlebens von Wölfen und Schafen glaube. Wer sich beruflich mit der menschlichen Natur auseinandersetzt, kann schwer an Friedensutopien festhalten. Dies ist einer der Gründe, weshalb mir die Idee eines binationalen Staates westlich vom Jordan gänzlich unrealistisch erscheint und weshalb ich 2003 bereit war, an der Wahlkampagne der Arbeitspartei mitzuarbeiten, deren damaliger Vorsitzender Amram Mitzna das Ziel verfolgte, die Westbank durch einen Sicherheitszaun von Israel abzugrenzen.[88] Einerseits war es nach der zweiten Intifada undenkbar, daß Israel sich länger dem Risiko palästinensischen Terrors aussetzte. Andererseits ist es für mich eine unumstößliche moralische Wahrheit, daß das zionistische Projekt in dem Moment unhaltbar wird, in dem Israel zu einem Apartheidstaat wird. Deswegen halte ich nur die Zweistaatenlösung für umsetzbar. Um das zu erreichen, muß Israel auch willens sein, Sicherheitsrisiken einzugehen. Israel sollte hier dem erwähnten dritten jüdischen Nationalmythos mehr Raum geben, der besagt, die Juden seien das Volk des Buches und daher in der Geschichte immer fähig und willens gewesen, ethische Prinzipien über reines Machtdenken zu stellen. Ganz unabhängig davon, ob dieser Mythos der historischen Wahrheit entspricht: Dies ist der Moment, ihn konstruktiv in die israelische Politik einzubringen.[89]

Wir können in diesem Zusammenhang viel von der Geschichte der Diaspora lernen. Die gewaltförmige Herstellung der Einheit von Volk und Land in den europäischen Ländern brachte schreckliches Leid über die Juden. Wenn die israelische Öffentlichkeit diese Erfahrung empathisch nachvollzöge, wäre sie vielleicht auch bereit, das Streben nach einer monolithischen Gruppenidentität im Sinne der eigenen Nationalerzählung aufzugeben. Nach vierzig Jahren israelischer Geschichte, in der Israel seinen kriegerisch-männlichen Charakter im Gegensatz zur angeblich servilen Diaspora betonte, könnte dann der kosmopolitische, hybride Charakter der Diasporaexistenz wieder deutlicher zum Vorschein kommen. Womöglich haben sich die Juden in den Charakter- und Körperpanzern der »Neuen Hebräer« weitaus weniger verändert, als es die zionistische Nationalerzählung wahrhaben will, und eigensinnig wie eh und je entzieht sich das Volk des Buches allen nationalen Anrufungen, selbst noch denen des eigenen Staates.

Es wäre jedoch falsch, diese Dynamik als auf die jüdische Geschichte beschränkt zu sehen. Die Globalisierung des 20. und 21. Jahrhunderts hat aus den Bürgern aller modernen Staaten wahrhaft Staatenlose gemacht, wir leben alle in Netzwerken der globalen Wirtschaft und der globalen Informationssysteme. Der Wandel der israelischen Mentalitäten ist somit vielmehr ein Teil der Identitätshybridisierung, die sich weltweit abspielt und die in der Literatur von V. S. Naipaul, Salman Rushdie, Herta Müller und Zadie Smith zum Ausdruck kommt. Global fühlt eine ständig wachsende Anzahl Menschen, daß die Fiktion monolithischer Identität in ihrer Gewaltförmigkeit der heutigen Realität kaum mehr gerecht wird, und sie versuchen, komplexeren Seinsweisen Platz zu verschaffen.[90]

All dies scheint der momentanen Entwicklung Israels diametral entgegengesetzt zu sein. Netanjahus Likud glaubt, israelische Einheit durch das Einpauken zionistischer Tugenden herstellen zu können. Dieser Versuch ist schon in den ersten Jahrzehnten der israelischen Geschichte gescheitert und im Zeitalter einer international vernetzten Wirtschaft und einer entstehenden Weltöffentlichkeit immer weniger überzeugend, führt er doch nur zu einer weiteren Verhärtung der Fronten. Diese lautstarke, im Grunde totalitäre Tendenz verdeckt aber einen zentralen Aspekt der zeitgenössischen israelischen Kultur, der von außen leicht zu übersehen ist, da hiesige Politiker durch die mantraartige Wiederholung von Floskeln den Anschein erwecken, Israel sei ein konformistisches Land. Der Aspekt, den ich meine, ist die Tendenz der Israelis zur Irreverenz und zum Widerspruch. Israelische Studenten haben im Ausland einen guten Namen. Sie sind nicht leicht einzuschüchtern und wenig autoritätsgläubig. Thesen werden von ihnen nicht gedankenlos auswendig gelernt, sondern kritisch geprüft. Dies hat in der jüdischen Geschichte eine lange Tradition, vor allem in der rabbinischen Kultur. Der Talmud etwa ist nicht als Gesetzessammlung verfaßt, sondern eine Dokumentation von Diskussionen und Disputen aus mehreren Jahrhunderten. Nichts könnte der gegenwärtigen Ausrichtung der israelischen Politik stärker entgegengesetzt sein als diese Fähigkeit der Juden zur Hinterfragung vermeintlich unverrückbarer Wahrheiten.

Wann Israels politische Bewegung nach rechts allerdings tatsächlich zu einem Ende kommen wird und das Pendel in eine liberale, freiheitsliebende Richtung schwingen wird, vermag ich trotz der jüngsten innenpolitischen Entwicklungen nicht zu sagen. In den nächsten Jahren wird Israel aufgrund der Unfähigkeit und des Unwillens der rechten Regierungen, einen palästinensischen Staat anzuerkennen, wohl weiter auf Kollisionskurs mit den universalistischen Werten des Westens sein. Das könnte kurzzeitig eine Stabilisierung der rechten Politik der Härte mit sich bringen, weil sich viele Israelis von ihr Schutz vor den Anklagen der Weltgemeinschaft erhoffen werden.

Und doch kann ich mir nur schwer vorstellen und will auch nicht recht daran glauben, daß die gegenwärtigen Verwerfungen auf immer Israels Schicksal sind. Meine Hoffnung ist, daß meine Landsleute eines Tages die kosmopolitischen Aspekte der jüdischen Geschichte nicht mehr als Grund zur Scham, sondern als ein Versprechen auf die Zukunft betrachten können. Sowohl die jüdische Leidensgeschichte als auch die faszinierende Geschichte der Kreativität und der proteischen Transformationskraft könnten Israel dazu bringen, in der eigenen verschlungenen Geschichte einen neuen Sinn zu entdecken, nämlich etwas zu dem langen Weg der Menschheit beizutragen, der von düsteren Stammesmythen hin zu der lichteren Einsicht führt, daß wir alle voneinander abhängen, wenn wir auf dieser Erde überleben wollen.

Anhang
Anmerkungen

1 Siehe Dan Senor/Paul Singer, *Start Up Nation. The Story of Israels Economic Miracle*, New York 2009.

2 Diese Frage steht hinter dem kontroversen Buch von Avraham Burg, *Hitler Besiegen. Warum Israel sich endlich vom Holocaust lösen muß*, Frankfurt am Main/New York 2009.

3 Vgl. Tom Segev, *1967. Israels zweite Geburt*, München 2007.

4 Die Geschichte Israels und des Nahostkonfliktes ist gut dokumentiert. Die umfassendste Darstellung ist zu finden in Benny Morris, *Righteous Victims. A History of the Zionist-Arab Conflict. 1881-1998*, New York 1999.

5 Die Binnendynamik des Konfliktes in Israel wird sehr gut dargestellt in Schlomo Ben-Ami, *Scars of War, Wounds of Peace. The Israeli-Arab Tragedy*, New York 2006.

6 Die Geschichte des Osloer Friedensprozesses wird in großem Detail erzählt von einem seiner Protagonisten, Dennis Ross, *The Missing Peace. The Inside Story of the Fight for Middle East Peace*, New York 2004.

7 Vgl. Moshe Zuckermann, *Antisemit! Ein Vorwurf als Herrschaftsinstrument*, Wien 2010.

8 Dies war die These von Judts Artikel »Israel, the alternative«, in: *The New York Review of Books* (23. Oktober 2003), online verfügbar unter: {www.nybooks.com/articles/archives/2003/oct/23/israel-the-alternative/} (Stand: August 2011).

9 Vgl. Joel Kovel, *Overcoming Zionism. Creating a Single Democratic State in Israel/Palestine*, London/Ann Arbor/Toronto 2007.

10 Dies ist der Unterton der überwältigend überdetaillierten Geschichte des modernen Antisemitismus in Robert S. Wistrich, *A Lethal Obsession. Anti-Semitism from Antiquity to Global Jihad*, New York 2010.

11 Deren Grundthesen werden in Teil II skizziert. Grundlegend dazu ist Ernest Becker, *Dynamik des Todes*, München 1981.

12 Sehr deutlich etwa in Yehouda A. Shenhav, *The Arab Jews. A*

Postcolonial Reading of Nationalism, Religion, and Ethnicity,
Los Angeles 2006.

13 Für mein Kurzporträt israelischer Identitäten habe ich meine
Erfahrung bei Radio Kol Chai herangezogen, weil sie dort wie
in Miniaturform aufeinanderprallten. Dem Leser wird allerdings aufgefallen sein, daß in diesem Gruppenporträt keine
Araber vorkommen. Das ist zum Teil Zufall, zum Teil durch
die Konzeption dieses Buches bedingt; Zufall, weil der ultraorthodoxe Sender an arabischen Stimmen nicht interessiert war.
Die Ultraorthodoxie fühlte sich damals am Konflikt mit den
Palästinensern nicht wirklich beteiligt und nahm dazu kaum
Stellung, da sie sich für die israelische Nation nicht verantwortlich fühlte. (Dies hat sich seither geändert: die Ultraorthodoxie beginnt sich mit der israelischen Rechten zu verbinden). Die Auslassung ist aber auch konzeptbedingt, weil dieses
Buch sich auf die Darstellung der jüdischen Identitäten Israels
beschränkt, und zwar, weil ich davon überzeugt bin, daß ein
Großteil der israelischen Probleme auf ungelöste Widersprüche
innerhalb der jüdischen Identitäten zurückzuführen sind.

14 Vgl. Jacques Ehrenfreund, »Moses Mendelssohn«, in: *Deutsche Erinnerungsorte*, herausgegeben von Etienne François
und Hagen Schulze, München 2005, Band 3, S. 258-273, hier
S. 265.

15 Vgl. Amos Elon, *Zu einer anderen Zeit. Porträt der jüdisch-
deutschen Epoche 1743-1933*, München 2003.

16 Die Geschichte der osteuropäischen jüdischen Einwanderer ist
klassisch erzählt in Irving Howe, *World of Our Fathers*, New
York 1976.

17 Die deutsch-jüdisch-amerikanischen Familien werden porträtiert in Stephen Birmingham, *In unseren Kreisen. Die
großen jüdischen Familien New Yorks*, Berlin / Frankfurt am
Main / Wien 1969.

18 Eines der besten Porträts der israelischen Universalisten wurde paradoxerweise von einem ausgesprochenen Gegner dieser Richtung verfaßt: Yoram Hazony, *The Jewish State. The
Struggle for Israels Soul*, New York 2000.

19 Für eine Darstellung der wesentlichsten zionistischen Strömungen siehe Shlomo Avineri, *Profile des Zionismus. Die geistigen Ursprünge des Staates Israel*, Gütersloh 1998.

20 Vgl. Aviezer Ravitzky, *Messianism, Zionism and Jewish Radicalism*, Chicago 1996.

21 Vgl. Eric Voegelin, *Modernity without Restraint*, Columbia 2000.

22 Vgl. Klaus Holz, *Nationaler Antisemitismus. Wissenssoziologie einer Weltanschauung*, Hamburg 2001.

23 Vgl. Jacqueline Rose, *The Question of Zion*, Princeton 2005.

24 Vgl. Yuri Slezkine, *Das jüdische Jahrhundert*, Göttingen 2006.

25 Schon Hannah Arendt verband den modernen Antisemitismus mit den sozialen und wirtschaftlichen Veränderungen der industriellen Revolution, siehe Hannah Arendt, *Elemente und Ursprünge totaler Herrschaft*, Frankfurt am Main 1955.

26 Vgl. Ernest Gellner, *Nationalismus und Moderne*, Hamburg 1995.

27 Vgl. Benedict Anderson, *Die Erfindung der Nation. Zur Karriere eines folgenreichen Konzepts*, Frankfurt am Main 1993.

28 Der Historiker und Kulturtheoretiker Sander Gilman hat im Detail gezeigt, wie der zeitgenössische medizinisch-anthropologische Diskurs sich in Windeseile entwickelte und wie das Stereotyp des Juden nun durch führende Wissenschaftler wie Francis Galton »wissenschaftlich« neu definiert und photographisch »dokumentiert« wurde. Vgl. Sander Gilman, *Freud, Identität und Geschlecht*, Frankfurt am Main 1994.

29 Die relevanten Zitate werden kontextualisiert in Andrew Samuels, »Jung and anti-semitism«, in: *The Jewish Quarterly* 41 / 1 (Spring 1994), S. 59-63, online verfügbar unter: {www.history.ac.uk/resources/e-seminars/samuels-paper} (Stand: August 2011).

30 Vgl. Sander Gilman, *Jüdischer Selbsthaß*, Frankfurt am Main 1993.

31 Vgl. Otto Rank, *Beyond Psychology*, New York 1932; Ernest Becker, *Dynamik des Todes*, München 1981.

32 Vgl. das *Handbook of Experimental Existential Psychology*, herausgegeben von Jeff Greenberg, Sander L. Koole und Tom Pyszczynski, New York 2004.

33 Ich habe diese Faktoren im Kontext der Globalisierung analysiert in *The Fear of Insignificance. Searching for Meaning in the Twenty First Century*, New York 2011.

34 Vgl. Ernest Becker, *Escape from Evil*, New York 1975.

35 Vgl. Peter Sloterdijk, *Sphären*, 3 Bände, Frankfurt am Main 1998 ff.

36 Diese Geschichte ist, aus interessanter Perspektive wiedererzählt von Peter Gay, *Weimar Culture. The Outsider as Insider*, New York 1968.

37 Vgl. Saul Friedländer, *Das Dritte Reich und die Juden. Die Jahre der Verfolgung 1933-1939. Die Jahre der Vernichtung 1939-1945*, Gesamtausgabe, München 2008.

38 Vgl. Helmut Plessner, *Die verspätete Nation*, Frankfurt am Main 1959 [1935].

39 Ich habe diese Verbindung zwischen dem orthopädischen Zionismus und Israels heutiger Realität analysiert in *Knowledge Nation Israel*, Azure 2010.

40 Nicht so im Fall der deutschen Übersetzung, vgl. Gadi Blum / Nir Hefetz, *Ariel Scharon. Die Biographie*, Hamburg 2006.

41 Ich habe diese Angst vor dem Wiederauftauchen des »alten«, schwachen Juden als Hintergrund der Schwierigkeit Israels mit der sephardischen Immigration analysiert in dem Aufsatz »Sephardic and Ashkenazi jews in Israel. The reflection of historical and social reality«, in: *Therapeutic Process. International Journal of Applied Psychoanalytic Studies* 1 / 4 (November 2004), S. 291-312.

42 Vgl. Karen Armstrong, *Jerusalem – die heilige Stadt*. München 1996.

43 Vgl. Peter Sloterdijk, *Gottes Eifer. Vom Kampf der drei Monotheismen*, Frankfurt am Main 2008.

44 Vgl. Bernard Lewis, *Die Wut der arabischen Welt. Warum der Jahrhunderte lange Konflikt zwischen dem Islam und dem Westen weiter eskaliert*, Frankfurt am Main / New York 2003.

45 In meiner Interpretation folge ich Tony Judt, *Geschichte Europas von 1945 bis zur Gegenwart*, München 2006.

46 Vgl. Avi Shlaim, *The Iron Wall. Israel and the Arab world*, New York 2000.

47 Vgl. Ian Thomson, *Primo Levi*, London 2002.

48 Vgl. Raul Hilberg, *Die Vernichtung der europäischen Juden*, Berlin 1982.

49 Für eine umfassende Darstellung von Israels Verhältnis zum

Holocaust, Tom Segev, *Die siebte Million. Der Holocaust und Israels Politik der Erinnerung*, Reinbek bei Hamburg 1995.

50 Vgl. Amos Oz, *Eine Geschichte von Liebe und Finsternis*, Frankfurt am Main 2004.

51 Vgl. David Grossman, *Stichwort: Liebe*, München / Wien 1991.

52 Vgl. Hannah Arendt, *Eichmann in Jerusalem. Ein Bericht von der Banalität des Bösen*, München 1986 [1963].

53 Historisch wichtig ist bis heute das Buch von Karl Jaspers, *Die Schuldfrage. Ein Beitrag zur deutschen Frage*, Zürich 1946.

54 Vgl. Thomas Haury, »Zur Logik des bundesdeutschen Antizionismus«, Nachwort zu: Léon Poliakov, *Vom Antisemitismus zum Antizionismus*, Freiburg im Breisgau 1992, S. 125-159.

55 Howard Jacobson hat die Mode des jüdischen Selbsthasses in Großbritannien in seinem Roman *Die Finkler-Frage* (München 2011) satirisch dargestellt.

56 Siehe meine Auseinandersetzung mit Steven Rose und Brian Klug im *Guardian* anläßlich von Israels sechzigstem Unabhängigkeitstag am 5. Juni 2008, online verfügbar unter: {www. guardian.co.uk/commentisfree / 2008 / jun / 05 / israelandthe palestinians.academicexperts} (Stand: Juli 2011).

57 Siehe Badious Interview in *Le Monde* »›L'intellectuel de gauche va disparaître, tant mieux‹« vom 14. Juli 2007, online verfügbar unter: {www.lemonde.fr/web/imprimer_element / 0,40 -0@2-3224,50-935 544,0.html} (Stand: August 2011).

58 Vgl. Tony Judt, *Geschichte Europas von 1945 bis zur Gegenwart*, Frankfurt am Main 2006.

59 Die Ungeduld an der europäischen Verleugnung des Problems seit der Rushdie-Affäre hat Christopher Hitchens formuliert in *Love, Poverty, and War. Journeys and Essays*, New York 2004.

60 Vgl. Scott Atran, *Talking to the Enemy. Faith, Brotherhood and the (Un)Making of Terrorists*, New York 2010.

61 Vgl. Carlo Strenger, *The Fear of Insignificance. Searching for Meaning in the Twenty-first Century*, New York 2011.

62 Vgl. Jared Diamond, *Der dritte Schimpanse. Evolution und Zukunft des Menschen*, Frankfurt am Main 1994.

63 Vgl. Peter Gay, *Zeitalter der Aufklärung*, Amsterdam / Frankfurt am Main 1967.

64 Vgl. Francis Fukuyama, *Das Ende der Geschichte. Wo stehen wir?*, München 1992.

65 Siehe meinen Kommentar »Talking cure diplomacy« in der *New York Times* (25. Februar 2010), online verfügbar unter: {www.nytimes.com / 2010 / 02 / 26/opinion / 26strenger.html} (Stand: August 2011).

66 Peter Sloterdijk vertritt im Detail die These, daß diese als die Erben der früheren »Zornbanken« nun das Gefühl der eigenen Unterlegenheit so transformieren, daß es zur moralischen Überlegenheit der Unterdrückten wird, siehe Peter Sloterdijk, *Zorn und Zeit. Politisch-psychologischer Versuch*, Frankfurt am Main 2006.

67 Vgl. Benny Morris, *The Birth of the Palestinian Refugee Problem 1947-1949*, Cambridge 1988.

68 Morris hat auch ein Buch zum Thema verfaßt, in dem er seinen Pessimismus nicht ganz so radikal formuliert, vgl. Benny Morris, *One State, Two States. Resolving the Israel / Palestine Conflict*, New Haven 2010. Der Titel täuscht und ist Morris wahrscheinlich vom Verlag aufgezwungen worden, denn das Buch versucht zu zeigen, daß der Konflikt wahrscheinlich nicht lösbar sein wird.

69 Vgl. Benny Morris, *1948. A History of the First Arab-Israeli War*, New Haven 2008.

70 Vgl. Hannah Arendt, *The Jewish Writings*. New York 2006.

71 Die beiden klassischen Werke wurden schon vorher zitiert: Ernest Gellner, *Nationalismus und Moderne*, Hamburg 1995. Und Benedict Anderson, *Die Erfindung der Nation. Zur Karriere eines folgenreichen Konzepts*, Frankfurt am Main 1993.

72 Vgl. Philip Roth, *Operation Shylock. Ein Bekenntnis*, München 1994 (ungekürzte Ausgabe: München 1998).

73 Vgl. Philip Roth, *Verschwörung gegen Amerika*, München 2005.

74 Tony Judt, »Israel, the alternative«, in: *The New York Review of Books* (23. Oktober 2003), online verfügbar unter: {www.nybooks.com/articles/archives / 2003 / oct / 23 / israel-the-alternative/} (Stand: August 2011).

75 Vgl. Michael Chabon, *Die Vereinigung jiddischer Polizisten*, Köln 2008.

76 Ari Shavit, Interview mit Amos Elon, in: *Haaretz* (27. Dezember 2004).

77 Vgl. Avraham Burg, *Hitler besiegen. Warum Israel sich endlich vom Holocaust lösen muß*, Frankfurt am Main / New York 2009.

78 Vgl. Michael Chabon (2010), »Chosen, but not special«, in: *The New York Times* (5. Juni 2005), online verfügbar unter: {www.nytimes.com / 2010 / 06 / 06/opinion / 06chabon. html?pagewanted=all} (Stand: August 2011).

79 Die Diskussion vom 21. Dezember 2010 ist auf hebräisch online verfügbar unter: {http://www.orot.tv / Article.aspx?Id=94} (Stand: August 2011).

80 Richard Garwin, der mit Eduard Teller die erste Wasserstoffbombe entwickelt hat, ist seit Jahrzehnten Berater amerikanischer Präsidenten in Nuklearfragen und war Vorsitzender des Permanent Monitoring Panel »Motivations for Terrorism« bei der World Federation of Scientists, an dem auch der Verfasser teilnimmt und in dessen Rahmen er diese Einschätzung mehrere Male geäußert hat.

81 Vgl. Jan Assman, *Moses, der Ägypter. Entzifferung einer Gedächtnisspur*, München 1998.

82 Vgl. Scott Atran, *In Gods we Trust. The Evolutionary Landscape of Religion*, Oxford 2002 sowie Ernest Becker, *Escape from Evil*, New York 1975.

83 Das bedeutet, daß sie an die Existenz vieler Götter glaubten, aber dazu tendierten, nur einem zu dienen: Elohim im Norden, Jahwe im Süden.

84 Ich folge hier den Ausführungen von Israel Finkelstein und Neil A. Silberman, *Keine Posaunen vor Jericho. Die archäologische Wahrheit über die Bibel*, München 2004.

85 Vgl. Jan Assmann, *Religion und kulturelles Gedächtnis*, München 2008.

86 Ich folge hier Daniel Boyarin und Jonathan Boyarin, »Diaspora. Generation and Ground of Jewish Identity«, in: *Critical Inquiry*19 / 4 (1993), S. 693-725.

87 Vgl. Niall Ferguson, *Krieg der Welt. Was ging schief im zwanzigsten Jahrhundert?*, Berlin 2007.

88 Dieser Zaun hätte den Grenzen von 1967 folgen sollen. Wir dachten natürlich nie daran, daß Scharon und Olmert diese Idee durch den heute bestehenden Verlauf der Sicherheitsmau-

er, der viele palästinensische Gebiete abschneidet oder isoliert, pervertieren würden.

89 Dies habe ich in der Skizze für ein Zukunftsbild Israels versucht:»Knowledge-Nation Israel. A New Unifying Vision«, in: *Azure* 39 (2010).

90 Ich habe diese Problematik der Identitäten in einer globalisierten Welt behandelt in Carlo Strenger, *The Fear of Insignificance. Searching for Meaning in the Twenty-first Century*, New York 2011.

Übersicht

1. Das Judentum in der Moderne

Die *Ultraorthodoxie* mit den beiden großen Richtungen des Talmudismus und des Chassidismus entstand ab dem 19. Jahrhundert. Sie definiert die jüdische Existenz ausschließlich über die jüdische Religion, sieht in der westlichen Kultur eine Bedrohung für die eigene Kultur und kapselt sich gegen sie ab. Sie verwirft den Zionismus und steht jeglicher Form der bürgerlichen Politik im Sinne eines öffentlichen Streits um die gesellschaftlichen Belange ablehnend gegenüber. Berühmte Vertreter: Moses Schreiber, bekannt als Chatam Sofer (1762-1839); Elasar Schach (1899-2001), langjähriger Vorsteher der Ponewiesch Jeschiwa in Bnei Brak und wichtige Figur der Ultraorthodoxie. Heute: Meir Porusch, Jakov Litzmann, Israel Eichler.

Die *moderne Orthodoxie* entstand um den Rabbiner Samson Raphael Hirsch, ebenfalls in der zweiten Hälfte des 19. Jahrhunderts. Diese Spielart der Orthodoxie definiert Jüdischsein ebenfalls religiös, steht jedoch der westlichen Kultur positiv gegenüber und versucht, die religiöse Orthodoxie mit Konzepten westlicher Bildung im weitesten Sinne zu verknüpfen. Anfangs gegenüber den bürgerlichen Formen des Politischen skeptisch eingestellt, lehnt die moderne Orthodoxie heute den politischen Streit im bürgerlichen Sinne nicht mehr durchweg ab. Berühmte Vertreter: Joseph Baer Soloweitschik, Begründer der Yeshiva University, New York (1903-1993); David Hartmann, Begründer des Hartmann Instituts in Jerusalem. Politiker: Josef Burg (1909-1999), langjähriger Führer der Mafdal-Partei; Jeschajahu Leibowitz (1903-1994), Biochemiker und Philosoph. Heute: Jonathan Sacks, Oberrabbiner von Großbritannien; Michael

Melchior, früherer Oberrabbiner von Dänemark, dann israelischer Politiker. Diese Richtung ist heute in Israel politisch kaum mehr vertreten, Personen wie Michael Melchior sind eine Ausnahme.

Das *liberale oder Reformjudentum* entstand in Europa und Nordamerika seit Ende des 18. Jahrhunderts. Es steht der westlichen Kultur sehr aufgeschlossen gegenüber, sucht nach Erneuerungsformen der jüdischen Religion im Einklang mit der Moderne und lehnt jede religiös motivierte politische Aktivität ab, gerade weil diese Strömung die Trennung von Staat und Religion weitgehend akzeptiert. Berühmte Vertreter: Saul Ascher (1767-1822), Abraham Geiger (1810-1874), Samuel Holdheim (1806-1860) und Leopold Zunz (1794-1886) in Deutschland; Isaac Mayer Wise (1819-1900) in den USA. Heute: Eric Joffe, Daniel Freelander (beide USA).

Unter dem Begriff des *jüdischen Universalismus* summiere ich all jene, die von jüdischen wie nichtjüdischen Stimmen abschätzig als »assimilierte Juden« bezeichnet werden und die mit Isaak Deutscher »nichtjüdische Juden« zu nennen mißverständlich und ebenfalls zu negativ wäre. Diese Gruppe der Juden betrachtet die westliche Kultur als konstitutiv für ihre Identität, sie läßt das Judentum hinter sich, ohne zu konvertieren (oder nur aus mehr oder weniger praktischen Gründen, wie Heinrich Heine und Gustav Mahler). Das Ethos dieser Gruppe ist im Sinne der europäischen Aufklärung universalistisch und steht jeglichem Nationalismus grundsätzlich skeptisch gegenüber. Viele dieser jüdischen Universalisten, die man auch jüdische Modernisten nennen könnte, waren entschiedene Verfechter des Sozialismus einerseits und des Liberalismus andererseits. Es ist wichtig festzustellen, daß viele Juden, die sich selbst als religiös oder sogar als orthodox religiös bezeichnen, im Grunde dieser

Gruppe zuzuordnen sind. Berühmte Vertreter: Moses Mendelssohn, Heinrich Heine, Sigmund Freud, Gustav Mahler, Jehuda Leon Magnes, erster Präsident der Hebräischen Universität. Heute: Amos Oz, Aharon Appelfeld, David Grossman.

Der *politische Zionismus* schließlich entstand ebenfalls Ende des 19. Jahrhunderts und war anfangs fast durchgehend säkular ausgerichtet. Mit Blick auf die Politik wird Religion als ein atavistischer Faktor betrachtet, der keine Rolle zu spielen habe; der politische Zionismus entsteht erst in der zweiten Hälfte des 19. Jahrhunderts und wird erst zu Beginn des 20. Jahrhunderts eine dominante jüdische Identität. Berühmte Vertreter: Theodor Herzl, Ahad Ha-am (im Sinne des anfänglichen liberalen Zionismus Ende des 19., Anfang des 20. Jahrhunderts), David Ben-Gurion, Golda Meir (sozialistischer Zionismus), Wladimir Zeev Jabotinsky, Menachem Begin (Revisionismus), heute: der gesamte zionistische Mainstream.

2. Politische Gruppierungen in Israel

Diesen modernen jüdischen Identitäten lassen sich die wichtigsten israelischen politischen Parteien und Gruppierungen zuordnen, wobei Überschneidungen auftreten können.

Unterschiedliche *ultraorthodoxe Parteien* sind seit der Staatsgründung in der Knesset vertreten; sie betrachten die westliche Kultur als Gefahr und kultivieren eine skeptische Distanz zum säkularen Israel, bis heute setzen sie durch, daß Ultraorthodoxe nicht in der Armee dienen müssen. Ein weiteres wichtiges Ziel ihrer Klientelpolitik ist die Unterstützung der ultraorthodoxen Schulen, der Jeschiwot. Diese Parteien sind der demokratischen Grundordnung ideologisch nicht verpflichtet, ihre Teilnahme an der israelischen Demokratie betreiben sie aus rein pragmatischen (vor allem finanziellen) Gründen. Viele ultraorthodoxe Juden sind nicht patriotisch eingestellt, ein wirklicher jüdischer Staat wäre für die meisten nur durch die Errichtung der Theokratie zu verwirklichen. Stimmenanteil in der Knesset: etwa 5 Prozent aschkenasische Gruppen sowie 8,5 Prozent auf die Schas-Partei (vorrangig sephardische Wählerschaft). Wichtigste gegenwärtige Gruppierungen sind die Parteien Agudat Jisrael und Schas.

Die Parteien und Gruppen des *nationalreligiösen Zionismus* waren anfangs mit der modernen Orthodoxie verbunden und standen der westlichen Kultur nahe; seit der Staatsgründung waren sie in der Knesset vertreten, ihr Einfluß ist insbesondere ab 1967 gestiegen. Seit 1948 sind sie durchgehend in Regierungskoalitionen vertreten gewesen, insbesondere in den ersten Jahrzehnten ohne nennenswerten politischen Einfluß. Gegenwärtig stellen sie unter Netanjahu unter anderem den Minister für Wissenschaft. Stimmenanteil in der Knesset: knapp 7 Prozent. Die gegenwärtig wichtigsten Gruppierungen sind Bajit Jehudi und Ichud Leumi.

Die nationalreligiöse Richtung brachte nach dem Sechstagekrieg eine spätmoderne Variante hervor, die ich als *messianischen Zionismus* bezeichne und die den fundamentalistischen Erneuerungswellen, die spätestens ab 1970 alle monotheistischen Religionen veränderten, zuzurechnen ist. Es handelt sich um eine Kombination aus nationalistischem Revisionismus (wie er von Jabotinsky vertreten wurde) und einer mystisch-eschatologischen Bewegung, die von Rabbiner Zvi Jehuda Kook in der Merkas-Haraw-Jeschiwa in Jerusalem gegründet wurde. Seit dem Abschluß der Verträge von Oslo 1993 und 1995 und mehr noch seit dem Rückzug Israels aus dem Gazastreifen 2005 akzeptieren viele messianische Zionisten die israelische Demokratie nicht länger. Sie sind in den nationalreligiösen Parteien integriert.

Der *zionistische Sozialismus* ist in Israel von 1948 bis 1977 die vorherrschende politische Strömung gewesen und war ursprünglich mit der Arbeitspartei und der Gewerkschaftsorganisation Histadrut verknüpft; seit dem Wandel zu einer sozialdemokratischen Form der Politik ab den siebziger Jahren unterstützt vor allem die gebildete Mittelklasse diese Richtung. Stimmenanteil in der Knesset: knapp 10 Prozent. Wichtigste gegenwärtige Gruppierung ist die Arbeitspartei (Avoda), die allerdings 2011 durch Ehud Barak gespalten wurde.

Der *Revisionismus* war seit der Staatsgründung durch die von Menachem Begin geführte Cherut-Partei vertreten. Nach dreißig Jahren in der Opposition ist ihr Nachfolger, der Likud, seit 1977 fast ununterbrochen an der Macht. Revisionismus meint in diesem Zusammenhang insbesondere die Zurücknahme des (sozialistisch-zionistischen) Anspruchs, durch Mittel des politischen Dialogs einen für alle Bevölkerungsgruppen in Israel und den besetzten Gebieten als auch mit den umliegenden Ländern befriedigenden Kompromiß herbeizuführen. Der Revisionismus kann als die nationalistische Bewegung innerhalb des Zionismus betrachtet werden; kulturpolitisch bestand sein Ziel in der Schaffung eines neuen, militaristischen Typus des Juden, der jedoch über die Sehnsucht nach den »neuen Hebräern« oder den »Muskeljuden« Max Nordaus, die auch von Vertretern des sozialistischen Zionismus bis nach der Staatsgründung geteilt wurde, weit hinausging. Kennzeichnend für Vertreter des Revisionismus ist ihre rassistische Verachtung der Araber und die aggressive Forderung nach einem (araberfreien) Großisrael. Da der politische Akzent des Revisionismus traditionell auf der (Sicherheits-)Politik liegt, hat er trotz der autoritär-chauvinistischen Überhöhung des israelischen Volks zugleich einen stark liberalistischen Zug, was etwa die Wirtschaftspolitik anbelangt. Netanjahus Regierungspartei des Likud kann als der wichtigste Erbe des israelischen Revisionismus angesehen werden, in dem jedoch eine im engeren Sinne ideologisch-revisionistische Rechte, die weiterhin ein Großisrael anstrebt, mit einer pragmatischen Rechten, die vor allem eine harte Sicherheitspolitik befürwortet, im Streit liegt. Stimmenanteil in der Knesset: etwa 30 Prozent (inklusive Likud und Teile von Ichud Leumi). Die gegenwärtig wichtigsten Gruppierungen sind Likud und Ichud Leumi.

Der *jüdische Universalismus* ist derzeit in Israel auf dem Rückzug. Da Israel international isoliert ist, macht es der damit zusammenhängende Aufschwung nationalistischer Tendenzen schwierig, eine universalistische Ethik politisch zu vertreten. Eine Ausnahme ist die seit einigen Jahren politisch nahezu bedeutungslose Meretz-Partei, die diesem Wert umfassend verpflichtet ist. Stimmenanteil in der Knesset: knapp 3 Prozent.

Drei Gruppierungen der israelischen Gesellschaft passen nicht recht in die obige Aufstellung. Zum einen sind dies die *Sephardim*, die politisch aus einer Abspaltung von der Schas-Partei vertreten werden, die 1983 aus einer Abspaltung von der Agudat Jisrael hervorgegangen ist. Die Schas-Partei wurde oben bereits als Teil des ultraorthodoxen Spektrums klassifiziert. Sie ist eine sephardische Partei, die sowohl gegen die aschkenasische Dominanz als auch gegen den säkularen Charakter der israelischen Demokratie gerichtet ist. Zum anderen ist da die Gruppe der *russischen Einwanderer*, die sich ebenfalls einer eindeutigen Zuordnung entzieht. In den siebziger Jahren kamen erstmals größere Gruppen russischer Juden nach Israel. Diese versuchten sich soweit wie möglich in die israelische Gesellschaft zu integrieren. Nach dem Untergang der Sowjetunion wanderte jedoch eine ungleich größere Gruppe russischer Juden nach Israel ein. Das veränderte das Gesicht der israelischen Nation, die neu eingewanderten russischen Juden stellten auf einmal etwa ein gutes Sechstel der israelischen Bevölkerung. Diese neuen Bürger wollten die eigene russische Identität nicht aufgeben und unterliefen oft mit der Weigerung, das Hebräische als einen Teil der israelischen Identität vorbehaltlos anzunehmen, erfolgreich einen wichtigen Teil des zionistischen Gründungskonsens. Anfänglich wurde diese Gruppe von der gemäßigt rechten Partei Jisrael Be-Aliah des früheren sowjetischen Dissidenten Nathan Scharansky vertreten. Gegenwärtig scheint es, daß die überwiegende Mehrheit des russischen Einwanderermilieus rechtsgerichtet ist und ein starkes antiarabisches Ressentiment pflegt. Die wichtigste Symbolfigur des Selbstbewußtseins der russischen Juden in Israel und ihr wichtigster Repräsentant ist Avigdor Lieberman, der rechtsextreme Vorsitzende der Partei Jisrael Beitenu (»unser Haus Israel«).

Zuletzt ist *die israelische Mitte* zu erwähnen. Diese reicht heute von der Partei Kadima (»Vorwärts«) bis zur Arbeitspartei. Die meisten Anhänger dieser »Mitte« sind entweder säkular eingestellt oder haben nur eine traditionelle Bindung an die jüdische Religion. Sie stehen heute, zusammen mit den letzten verbliebenen jüdischen Universalisten und den moderaten Religiösen, für ein umfassend demokratisches Israel, in dem die Religion auf den Bereich des Privaten beschränkt ist, die Friedensverhandlungen mit den Palästinensern wiederaufgenommen werden und der Sicherheits- und Militärapparat auf das Notwendige beschränkt ist. Das nach der zweiten Intifada entstandene Mißtrauen gegenüber den Palästinensern und den arabischen Bürgern Israels besteht auch bei ihnen zum Teil bis heute. Sie sind hin- und hergerissen zwischen ihrem eigenen Interesse daran, daß Israel in Sicherheit als jüdischer Staat weiterexistieren kann, und dem Wunsch, in absehbarer Zeit im Nahen Osten ein weitgehend friedliches Miteinander herbeizuführen.

3. Ergebnisse der 18. Wahl zur Knesset 2009

Partei	Stimmen 2009	Stimmen 2009 in %	Sitze 2009
Kadima (»Vorwärts«)	758032	22,47	28
Likud (»Zusammenschluß«)	729054	21,61	27
Jisrael Beitenu (»Unser Haus Israel«)	394577	11,70	15
Avoda (Arbeitspartei)	334900	9,93	13
Schas (»Sephardische Thora-Wächter«)	286300	8,49	11
Vereinigtes Thora-Judentum (Agudat Jisrael zusammen mit Degel Ha-Tora)	147954	4,39	5
Ra'am Ta'al (Vereinigte Arabische Liste)	113954	3,38	4
Ichud Leumi (»Nationale Union«)	112570	3,34	4
Chadasch (»Demokratische Front für Frieden und Gleichberechtigung«)	112130	3,32	4
Meretz-Jachad (»Neue Bewegung Meretz«)	99611	2,95	3
Bajit Jehudi (»Jüdisches Haus«)	96765	2,87	3
Balad (»Nationales demokratisches Bündnis«)	83739	2,48	3
Andere Parteien	103903	3,1	0

Datenquelle: www.knesset.gov.il (Stand: 2009)

Kadima: zionistischer Mainstream

Likud: revisionistisch-nationalistisch, zionistisch

Jisrael Beitenu: stark nationalistische, rechte Partei, zionistisch, Wählerschaft vor allem Einwanderer aus der ehemaligen Sowjetunion

Avoda: einst sozialistische, jetzt sozialdemokratische Partei, zionistisch, Wählerschaft heute vor allem aus der oberen Mittelschicht

Schas: ethnische Selbstdefinition sowie ultraorthodoxe Einflüsse, weitgehend zionistisch, Wählerschaft fast ausschließlich Sephardim

Vereinigtes Thora-Judentum: aschkenasisch ultraorthodoxe Partei, ursprünglich antizionistisch, heute neutral

Ra'am Ta'al: arabisch-nationalistisch, antizionistisch, fast ausschließlich arabische Wählerschaft

Ichud Leumi: nationalreligiös, stark rechts orientiert, zionistisch

Chadasch: kommunistisch, antizionistisch, jüdische und arabische Wählerschaft

Meretz-Jachad: sozialdemokratisch-egalitär, zionistisch

Bajit Jehudi: nationalreligiös, stark rechts orientiert, zionistisch

Balad: gemäßigt arabisch-nationalistisch, antizionistisch, fast ausschließlich arabische Wählerschaft